臺灣邊陲之美

— 行腳誦詩・跫音歌唱

陳 福 成 著

文 學 叢 刊
文史哲出版社印行

國家圖書館出版品預行編目資料

臺灣邊陲之美：行腳誦詩・跫音歌唱 / 陳福成著. -- 初版 -- 臺北市：文史哲, 民101.07
頁；　公分（文學叢刊；272）
ISBN 978-986-314-041-2（平裝）

851.486　　　　101012943

文學叢刊 272

臺灣邊陲之美
行腳誦詩・跫音歌唱

著者：陳福成
出版者：文史哲出版社
http:// www.lapen.com.tw
e-mail：lapen@ms74.hinet.net
登記證字號：行政院新聞局版臺業字五三三七號
發行人：彭正雄
發行所：文史哲出版社
印刷者：文史哲出版社
臺北市羅斯福路一段七十二巷四號
郵政劃撥帳號：一六一八〇一七五
電話886-2-23511028・傳真886-2-23965656
定價新臺幣三〇〇元
中華民國一〇一年（2012）九月初版

ISBN 978-986-314-041-2　　08272

序

台灣這美麗的寶島，從山頂到海際，從城市到鄉間，從人口最密集的黃金地段到無人的荒山野嶺，真的是無處不美！

每個人愛美程度不同，追求美感的對象不同，有人喜歡新興的東區，有人鍾情於古老的「加蚋」或大龍峒。

我在台北住了幾十年，至今尚未去過很多旅遊行程必到的「一〇一」大樓。許多大百貨公司、五星飯店，至今未曾光顧，很神奇吧！

我喜歡「邊陲之美」，到溪頭聽鳥兒唱歌，在杉林溪 High 翻天，在明德水庫薰衣草園喝咖啡，到龜山島聽人講「冷戰」故事，阿里山看日出，宜蘭藏酒莊品酒，紅樹林步道看水筆仔怎樣「胎生」！到菜寮溪拜訪「左鎮人」……

深入台灣邊陲，行腳寫詩，跫音歌唱，不一樣的聲音，不一樣的美感。

台灣邊陲之美

——行腳誦詩·踏音歌唱

目 次

溪頭、車埕詩歌之旅

台大校門口

每次走到這裡歲月開始泝洄
歷史走到這裡成為一塊化石
時間走到這裡被絕對零度
瞬間凝固
歷居畢業的學子　以及
工作的人們
你的眼眸一碰觸　是一九四九年
還是　一九二八年

我最近常參加學校活動，每次眼神碰觸到校門口都有那樣的感覺。「它」就像年青時吃了長生不老仙丹，從此永保當時的樣貌，不論光陰如何流逝，歷史如進演化，它都不為所動，站成一尊永恆的神祇。

二〇一〇年四月廿一和廿二日，退聯會理事長丁一倪教授和活動組長又規劃了這趟浪漫之旅，也是這些退休老朋友們的詩歌遠足。上午八點人員紛紛到齊，很快，校門口遠離了我們的視線，一部大遊覽車飛馳在高速公路上。

遊覽車的中前坐歌王教授們早已 High 翻了天，唯獨後坐沒動靜，我們正聚精會神聽哲學系的郭文夫教授講「外遇哲學」的問題。原來我國學術界數十年來，把「Objective」譯成「客觀、客觀性或客體」，郭教授指稱這是不通又不懂的翻釋，更不合事實。試問「何謂客觀？」是客人的觀點？還是客家人的看法？都不通。Objective 的正確中譯應該是「外遇」，人處於外在世界所遇到的一切。

郭教授進而指出，人們常講的「外遇」，說是婚姻關係以外的不當男女關係，也是不通。外遇正解只是人在外所遇到的一切，包括男生、女生、動物或事件等。

按郭教授（台大哲學系）所述，如上之中英翻譯，都是不懂英文，又不懂中文，不懂又充懂的人，所行之譯名。

這是我近年所聽到最新的新知，若Objective（外遇）中譯成立，不知「外遇」一詞英譯又如何？學術界或可研究研究。就這樣，後坐聽著郭教授談些「弔詭」之論，也是有趣，下了高速公路，車到名間鄉。

車過名間

遠遠望去，迷濛的山坡上
檳榔樹林在跳舞唱歌
風中的「採檳榔」已不歡愉
因為山坡的傷口尚未痊癒
檳榔樹抓不住山坡的心
劈腿，導至兩敗俱傷
還有很多第三者受害

大約十一點二十分，我們到了位於竹山社寮里的「紫南宮」（供福德正神，習稱土地公）。土地公是中國民間信仰最普遍的神，他就是炎帝神農氏十一世孫句龍，於顓頊高陽氏時（公元前二五一四—二四三七年），任「后土」之官，亦平定九州有功，死後食於社，也叫「社公」。千百年來，成為中華子民信仰最普遍的神。

社寮里的紫南宮建於乾隆十年（一七四五年），神光遠播，也成為國內遊客參拜的景點。但此處有一號稱「全亞洲最經典、雄偉的廁所」，據說耗資六千萬元興建，亦與紫南宮齊名。不同教派的遊客，不去拜土地公，也要來參觀「廁所」，真是神啊！

紫南宮

啊！住在這裡的土地爺爺
一下遊覽車我便有感覺
你以千手千眼千足千萬神奇的心
服務眾生
一曲梵音　一包香灰

便能洗淨信徒累世災苦
偶然邂逅　又發現信徒的可愛
獻建一座價值六千萬元的廁所
供養諸神　眾生使用

中午我們在竹山「天野養生餐廳」享用美食，理事長常說週一到五拼經濟就靠我們銀髮族了。因此，順為這家尚稱不錯的青草藥園休閒農場做廣告，位於竹山鎮集山路二段五九一——二號，希望大家多去拼經濟。

「紅遝夕陽雖然好，可惜近黃昏，夜晚風吹著阮一陣冷酸酸，夜快車載阮離開著郎君，站車內孤單心頭亂紛紛，啊……最後的最後的火車站，到底在何方？」

方瑞娥唱紅這首台語歌，我始終不知道「最後的火車站」在那裡？一直以為是那對情人最後分手的地方。

下午二點，我們一行人就到了這個「最後的火車站」—車埕。隸屬南投縣水里鄉，聚落四週山林環抱，集集大山、萬丹山兩支山脈橫亙，有水里溪貫穿其間，風景綺麗。可惜人車冷清，景色蕭條；惟想沉浸孤獨，捕捉蒼桑感的人，這是個讓人沉思的地方。

車埕：最後的火車站

你是軼隱林間的詩人
就算方瑞娥把「最後的車車站」唱的紅紅
你仍很瘦
九二一後更瘦　且蒼白了

拼經濟的台大人一到
你瞬間豐腴了
臉上有紅光
但我們離去呢？

在車程我們停留時間很短，因為這天非例假日，到處顯得冷清，大家下遊覽車走幾分鐘又上車了。開往不遠處的台灣蝙蝠展覽館（集集鎮民生東路），正好碰上大雨，我們只得待在館中看各種蝙蝠。世上蝙蝠數千種，在中國文化之意涵，「蝠」和「福」同意，結合而成福壽雙全的吉祥物；反之，在西方常與黑暗、惡魔或恐怖事件相結合，這是東西方文化背景不同使然。

中國人的生活折學有豐富的想像力，常用於物件圖案如蝙蝠飛翔於海上，表示「福海」之意。蝙蝠停於鍾馗持扇上，隱喻「納福」之意。而蝙蝠能為鍾馗引路驅邪除魔，妖魔都在夜間出沒危害生靈，蝙蝠晝伏夜出的自然習性，正好當鍾馗斬妖除魔的報馬仔（帶路報訊息者）。

蝙蝠．蝙福

天使般吉祥福壽心靈
怎以魔鬼的臉孔示現
而人模人樣的

總涵孕一顆奸惡的心
多虧有你為鍾馗通風報信
斬妖除魔　人世間
才有福海威德的期待

參觀完蝙蝠館，再到不遠處的「武昌宮」（集集鎮民生路），主神供奉「北極玄天上帝」。看廟內的簡介，原來是光緒廿九年（一九〇三），由祖國湖北武當山南岩宮分靈直降（台灣的神都是中國分靈來的）。可惜武昌宮被九二一地震所毀，目前仍在重建中。

大約晚上六點，我們到了溪頭，往進明山別館。晚餐後，外頭天氣不佳又烏七嬤黑，只有在寢室聊天。我和植物系李學勇教授、軍校廿二期老大哥鍾鼎文、政戰十四期學長吳信義，四人一房，兩位大老一床，我和吳學長一床。這晚有說不完的故事，李教授回憶抗戰時他男扮女裝演宣傳抗日話劇，勝利後他到台大時，倭國教授仍在台大（他們不願回倭奴國），是傅斯年校長強制要他們回去的。鍾老是台大元老級教官，吳哥是中國全民主統一會的秘書長，我自命為「書記」，退休生活多麼精彩。

神彩・亮劍：記與三位老大哥睡了一夜

夜，阻絕一個世界
　擴張另一個世界
把房間改裝成近代史故事屋
各自演說他的春秋大業
而長老，你氣勢依然磅礴
卻把豐功偉業總結成
臉上一抹神彩的微笑

在歷史的關鍵點上
你男扮女裝演話劇　宣傳抵抗
漢倭奴王國入侵
大業告成　你選擇來台大當書生

鍾老投身黃埔　吳哥為統一盡心力
在國家統一過程中
我們對得起炎黃老祖　對得起祖宗八代

當一切都淡出　我們的百年史
任後人如何說書
都行　只是此刻
長劍入鞘
別說我們從此再也不使兵器
為清風落葉講經說法
是亮劍的另一個境界

這夜我們把「三百零一年中國近代史」，以精彩論說（鍾鼎文今年九十歲、李學勇八十八歲、吳信義六十五歲、我五十八歲，合計三〇一歲），有此好緣共一宿，深值誌之。但畢竟大家都有些年紀了，今日也走了不少路，大約十點多吧！全都進了柏拉圖的「夢想國」。

第二天（四月廿二日）整個上午在溪頭林區內，早餐畢，八點多，大夥出發，起先大家聽路統信講解林區內各種植物歷史。（另註：路統信，民十六年生，河南商丘人，民三十七年七月廿二日抵台，考入台大哲學系，次年轉讀森林系，一生從事林業工作，今年八十三歲。在他送我的一本自傳「滄桑歲月八十年」，內一字條寫著：「二〇〇八台大慶八〇，走進台大六十年。一個愛國主義者的心歷路程，以熱愛祖國為榮。」多麼叫人感動！他知道他是誰？現在很多人不知道「我是誰？」路大哥給所有台大人什麼啟示？）

不久大家走散了，便各自隨興到處觀賞，在林間漫步。重點不外空中步道、神木、大學池、大學橋等，是我們年青時共有的記憶。

溪頭，浪漫歌

咬人貓　懂得距離就是美感

蕨抽嫩葉　款款起舞
微風　輕輕按摩臉龐
芬多精從四週溶於體內　通任督二脈
陽光　踮起跳足
伴你在小徑蹁躚旋舞
光陰　停格在侏儸紀時代

透迤一景　熱鬧了起來
小鳥來分享她的快活
彩蝶在眼前開起春季舞展
你的神思、目光　靈秀氣息
跟著起飛　　都長了翅膀
你自由　翺翔
你成為穹隆宇宙中的一隻鷹

走上大學池　在深邃的綠
浣洗這數十年塵囂
清純的記憶　才沉澱
又洄游到這裡
這一路走來　生命的喜悅
經多少揮灑　生命的禮讚
短暫的浪漫之旅
是人生深深的領悟　久久的回憶

我年青時代曾與初戀情人到溪頭一遊。民六十九年與妻在此度蜜月，到今（二〇一〇年）三十年了。雖年久「失憶」，但到神木、大學池、大學拱橋，埋在意識深層的回憶又被喚醒。

中午我們到一家叫「福林餐廳」用餐，很有特色，菜也不錯。進門的對聯已開始吸引遊人，「柴米油鹽醬醋茶　福林挑動老饕家」，橫聯是「那能膳罷乾休」，書法氣勢亦不凡。位在鹿谷鄉興產路七十九之一號，大家來這裡拼經濟，享山產藥膳，一舉多得。

午餐後，大夥兒開始回程北上，沿途中前排弦歌不斷，後排聽郭教授講他的人生哲學。下午兩點車到台中南區碉塑公園，太陽很大，都在樹蔭下乘涼，十餘分鐘又上車。約下午五點，我們到新竹湖口一家奈米公司參觀，專生產各種奈米產品，據說現在只要加上「奈米」二字，石頭可當黃金賣，未知真假。

晚餐我們又到「大溪保健植物園」

前排左起：郭文夫教授夫婦、活動組長關麗蘇；二排左起：第二位吳信義學長、本書作者陳福成、李學勇、鍾鼎文、土木系教授吳賴雲、主任秘書何憲武教授、梁乃匡、路統信。（2010.4.21，攝於溪頭自然教育園區，台大退休聯誼會。）

養生餐廳，這是我隨台大旅遊來第三次的老店，說到這家店（大溪員林路三段三八五號），凡台大人休人，口碑載道，值得一吃再吃。若有人問：「到底多好吃？」我倒反問：「花兒多美？你說我聽聽！」

這餐每個台大人都吃的肚兒圓圓，芳香留齒，餘味數日不絕。

餐後大家興高彩烈的上了遊覽車，一路歡唱回台北——重回人間，又入紅塵。

溪頭意象組曲

溪頭，何時都綠

倭寇來了
只管綠自己的綠
倭寇走了
還是綠

國民政府來了
更綠

這裡的風聲、水聲、鳥聲和綠意
唱給倭寇聽
也唱給非倭寇聽

溪頭的竹

這裡的竹心懷慈悲
又美
搖曳舞姿
霞衣競飄蕩
你細細的瞧

楊貴妃、西施、趙飛燕、蔡文姬
再凝神端視
王昭君、卓文君、文成公主

啊！孟宗
君子，唯美　至善　慈悲

小註：孟宗，三國時人，廿四孝之一，父早死，母年邁，冬日思食筍，宗入竹林哭，竹生筍。溪頭以孟宗竹聞名於世。

夜宿溪頭，有夢

說是回來找尋四十年前
遺失在此的舊夢
果然，那夢還在

小橋流水未脫嗔愛
涼風明月依舊清純
神木老了很多
老雖老，年青的鳥聲記得我的夢
才一夜　夢又青春

夜，在吟詩

紫虛萬物在這裡諦聽天籟
天籟，只和黑夜有感覺
夜乃吟詩　歌唱
窗外，松風跫音悠然
大地眾生都睡不著了

我起身望月　傾聽
蕨類會不會喚來一隻恐龍
零零落落的蛙聲
卻在瞬間輕歌換慘叫
鐵定碰到天敵

夜，仍在吟詩
浪漫唯美　喜劇悲劇
都是詩　你問夜

溪頭之晨

睡夢中感覺該是天亮了
怎麼窗外黑漆漆

溪頭，空中步道，2010 年 4 月 22 日

乾脆伸手播開黑夜
裸身衝入林間
在林間讓晨霧沐浴後
換成另一種睡姿
一床薄如蟬羽的涼被
遮掩著赤裸的身子
當鳥聲自窗衣竄入
驚醒夢中人　想著
我不要天亮？

專程拜訪修行中的神木

記憶在叢林中點亮一盞燈

神識會自動導航
就是要來拜訪修行中的禪僧
眾生尊你為一株神木
必能解一切惑　去一切苦

我只想問些問題，人生的謎語吧
青山永不老是否真實
你靜默傳出心語道：凡所有相皆虛妄
我想再問：禪是什麼
你說：我只是一棵樹木

大學橋

半個世紀不算多

朋友們從小到老有的說
連接你我
承載我們這一代人許多回憶
清風流水從身邊靜靜走過
我堅守拱橋上的秘密和承諾
這半生才不算蹉跎

只要走到這裡
銀髮族的人們
青春的歲月和記憶全都回來
橋下瀅瀅　瀲灩
橋上鮮活　飛揚
還是你二十歲那年
迷人的倩影吧

鳥兒的願望

溪頭的鳥兒最可愛
隨便一隻都能使林志玲的美遜色
任意捕捉幾段鳥聲
就能譜成圓舞曲

溪頭的鳥聲最清亮
啾啾啾　我被叫成一隻鳥
我們共舞、唱歌、飛翔
聽她們祈禱

願大地水土不再憤怒
願溪流草木永保清新
願山不要亂走

願鳥兒永遠有棲息地

春行溪頭

我們回來找尋記憶
果然，一回來
就看到滿山滿地的記憶片
是那年春天未曾帶走的

舊憶甦醒
織成千絲萬縷　爛縵彩光
喚我於紅塵
春行溪頭

一日淨心　一夜沉澱
之後，我踩著一片雲回台北
朋友們定說
你乾淨多了

我聽見蕨類和恐龍化石的對話

午夜，沉睡之際
突然醒來想ㄒㄩ ㄒㄩ
窗外夜黑風高，有聲音傳來
是蕨類們得意的聲音：
我們這些柔弱的沉默者
終於熬過苦難
存活下來

且子孫綿延　族群壯大
恐龍以化石之姿在岩層中回話：
我們曾是地球上最強大的統治者
現在任人挖掘　供人觀賞

小註：蕨類也是溪頭林區最多的植物，它是和恐龍同時代生長的生物。
另，恐龍滅絕於六千萬年前，台灣島從海中出現才三千萬年前。

大學池

蓊鬱森綠中一隻清澈的眼睛
有最靈秀的回眸
從這窗裡望出
大學眼出塵的慧光

記憶就算遺失千年
距離儘管遠在天邊
今生今世　至少
再來一回

只為瞧一眼池上那片最飄逸的雲朵
再看一眼彩雲下那隻靈慧的眼睛

溪頭，大學池，2010 年 4 月 22 日。

杉林溪 High 翻天

此行最 High 的那個晚上，我隱約在外面聽到有人說：「那些老傢伙真是 High 翻天了！喂！聽說有八、九十歲的。」我正想探頭看看，誰那麼沒禮貌？竟敢稱「台大退休聯誼會杉林溪旅遊團」的銀髮好友「老傢伙」！那人已隱沒在夜色中，背後傳來快樂的笑聲。

當我回家後，著手寫這篇遊記時，腦中還浮現那晚大家唱歌、跳舞 High 翻天的情境。近一、兩年來退聯會出遊活動，還沒那麼 High，那麼瘋熱過呢？這回我這當書記的，得好好記錄存查，供後來的人們也感染那份快樂。

這次活動安排在十月十二、十三兩日，參加成員有關組長、吳教授、退聯會的美國之友 Boice Kelly 等，三十多人正好一部遊覽車。照例在校口集合，八點不到車上已坐滿了人，傳來許多問早道好的熟悉聲！

吱吵的聲音中，傳來有人用英文打招呼！原來是回國參加國慶大典的 Boice Kelly（中文原名兵惠珠，朋友叫她貝小姐或 Kelly），立刻吸引大家目光。還有多位新人，吳信義主任的夫人退休了，以後有時間和我們出遊享受人生，她著一席鮮艷的紅色上衣，也很自然的吸引四周的眾生，那是奇妙的自然力量。據聞，紅色在山上最吸引虎頭蜂，在海上最吸引鯊魚，紅色的花更吸引一切眾生。

從台大到杉林溪有幾小時車程，除關組長、導遊儷華講解行程和重要景點介紹，車上不會寂寞，歌王吳教授、吳主任有很多拿手歌，有新有老，今天天氣又好，尤其氣氛又 High，歌聲聽起來自然引人，引你進入那首歌的時代。還有氣氛 High 的原因，是 Kelly 從美國帶來一種外層是糖，內有口香糖的棒棒糖，分發每人一支，人手一支棒棒糖，咬在嘴裡，好像又回到童年時代，紛紛拿起相機，讓「童年時光」重現眼前。哇！Kelly 真是厲害，她創造了「棒棒時光機」，瞬間帶我們回到從前。

Kelly 說她還有「寶物」，慢慢拿出來，她透露是一種叫「美國豬皮」和「美國人皮」的食品。她還有絕活，這趟行程可稱「Kelly 專集」。車內的熱鬧情緒，相對於車外的景色，一景一景安靜無言向後飛逝，如詩的感覺。

尋 春

一路南下　前往杉林溪
打探秋風的訊息
卻一路都被春風吸引
這趟航程在過去、未來與現在間飛行
勿論季節或年代
有了 Kelly，皆如春

大約中午前，我們到了南投竹山工業區一家叫「藏傘閣」的觀光休閒工廠，參觀各種傘類並用午餐。台灣早年是傘的王國，但我從未見過如此多的傘種，先進科技和個人化多功能的傘，也是開了眼界。超輕傘、超短傘、自動傘、防風傘、拐杖傘、有燈傘、測紫外線傘……洋傘、竹傘、雨傘、童傘……花園傘、高爾夫傘等，有講究個別功能，有流行時尚，爭奇鬥艷，傘姿如花如美女，佩服經者（董事長叫曾漩澄，平易近人，在大廳和台大人泡茶聊天。）把一支簡單的傘，開發延伸成知識、感性和文化的小王國，他真會做「餅」，把小餅做成大餅。

下午三點多，我們就到了杉林溪，住進「杉林溪渡假園區」。氣溫是二十度到十五度間，最是疏適的涼意，晚餐前都是自由行，這樣好，大家在附近散步，三三兩兩，成叢成簇。

最大的一簇，延著圖說，前往松瀧瀑布，沿途參觀藥花園、牡丹園。各種有名無名的草花都讓人驚艷，牡丹園中亭邊一首陸游的詩引最多人駐足，詩曰：

吾國名花天下知，園林盡日敞朱扉；
蜨穿密葉常相失，蜂戀繁香不記歸。

中國人真是詩的民族，花園、廁所、古宅、民居，到處有詩詞；茶壺、傘具、扇子等，都有我國名詩人佳句。旁邊另一群人佇立觀賞，也是詩，不知作者何人？

牡丹花似錦，艷奪天下春；
南來參觀日，笑煞看花人。

松瀧瀑布有千歲了，瀑前五米的天橋為負離 SPA 最佳觀景點，石窟幽靜清涼，千年鐘乳垂掛，瀑前「龍潭」美不勝收，可惜旁邊在施工。

一頓豐盛的晚餐，補足了今天耗損的能源。餐後直奔早先計畫好在卡拉 OK 室開同樂會，又另備了一瓶大高粱酒助興。這晚是最夯、最 High 的一晚，能跳能唱的都展演了各自的拿手好戲，導遊儷華小姐更是酒國女皇，在場竟找不到對手可以和她一決「雌雄」。

是夜，我和吳普炎學長同住一房，他是我早年軍旅的老營長，如今都解甲歸田。但我們並不耕田，只把後半人生耕的有如一座仙山田園，與前半生的「金馬戰場」相較，兩個不同世界，如參商也。次日我和學長也早起散步，在林間漫行，空氣中有一種誘動的吸力，空氣中有一種誘動的吸力，只想深呼吸，那空氣亦如詩：

林間散步

靜謐的早晨
有一種感覺躡手躡腳陪你散步
她無聲無息
撫以溫柔
摸以愛憐
頓然　通體舒暢　得到解放
一隻隻慵懶的貓
吸唆著讓人青春不老的芬多精

早餐後休息不久，在賓館前大合照，隨即驅車踏上回程，前往田尾公路花園參觀。

遊覽車上來一位大概農會的行銷者，賣苦茶油等農產品，說是景氣不佳，只好用這種方式推銷，請大家體諒。果然買氣很盛，台大人不光是自己會玩，也有為地方拼經濟的共識，都大包小包的買，也是人我共利，皆大歡喜。

沿途的車上 **Kelly** 展示她的團康活動媚力，她先請大家吃「美國豬皮」、「美國人皮」，說不上的好吃。接著她帶大家做一個好玩又有趣的遊戲，她先叫大家講出三個字的一句話，第二、三字相同，語言不拘，如「嬌滴滴」。大家了解，一個個接著說，「火辣辣」、「冷颼颼」、「風蕭蕭」、「香噴噴」、「白泡泡」、「LKK」……每句一出都引起全車叫好。

接下來，**Kelly** 公佈連接詞「我的屁股」，每人把這句連接詞冠於自己所說的三字上面，如「我的屁股嬌滴滴」，此話一出全車又笑翻天。於是「我的屁股火辣辣」、「我的屁股冷颼颼」、「我的屁股風蕭蕭」、「我的屁股香噴噴」、「我的屁股白泡泡」……一路笑到田尾。**Kelly** 表示，這遊戲可延伸開發，字句可改，成為更有創意的遊戲。

中午我們到了田尾公路花園，也在這裡的餐廳午餐。這裡我兩年前來過，廣大繁盛的花海，如身處荷蘭花園，美不勝收，但此行大家只看到一片蕭索、一景冷瑟孤寂，我以為田尾的「花園王國」結束了。我打聽附近小店，才知我們遊覽車停在「外圍」，是騎腳踏車的地方，不是賞花的地方。原來我們車停在「邊陲」地帶，好可惜！

午餐後，約下午三點多我們到了古城鹿港，購物、掃街、參觀台灣最老的「鹿港天后宮」。本宮創建於明朝萬曆十九年（民國前三二一年），原廟位於現址北側，古地名「船仔頭」附近（今三條巷內），奉祀天上聖母媽祖。清康熙二十二年（一六八三年），施琅將軍平台時幕僚藍理恭，請湄洲開基媽祖神像，護軍渡海，事平後班師回朝之際，其族侄施啟秉等感念媽祖神靈顯赫，恩被黎庶，而懇留聖像於本宮

七媽會相片民國六年（1917 年）台中區長林耀亭恭宴全國歷史悠久之媽祖聖像

崇祀，是為台灣供奉「湄洲開基祖廟」的天上聖母媽祖。

我們參觀天后宮時，在簡介資料上發現以下照片史蹟，極有歷史意義和價值，一併列在本文以供雅賞。

回台北的車上，那部「忠犬小八」影片太感人，人物（是狗）場景都簡單，拍的這麼好，是導演的功力，全車的人幾乎哭成一片。也讓人了悟一切的生物，真誠才是最無價的，只有真誠能破除物種間的距離，使不同的物種真誠相愛。只可惜我們最常看到的，是很多人連小八都不如，不知那屬何樣物種？

我們一路有笑有淚回台北，最後一曲當然是「期待再相會」。到公館早已夜幕低垂，每人帶著「三大件五小件」，互道晚安中拜拜。

感謝本會從理事長到各組長，經常為大家守著這個「廟」，我們才常有饗宴之旅，享各地精美珍饈，賞各族不同佳饌，是台大人的福氣。

回來後，我以我之思維，享煮另一道文學（文字）饗宴，並有小詩佐膳，有圖照悅目賞心。「供養」台大人，給有緣無緣人品賞，願大家都平安快樂。

上圖：杉林溪之夜
左圖：本書作者在杉林溪

台大退休聯誼會成員在杉林溪

美麗的杉林溪

民國 11 年（1922 年）鹿港天后宮至湄洲祖廟進香

湄洲天后宮禪房，坐在太師椅者為前法務部部長施啟揚之父施福然（左三），中坐者為湄洲天后宮主僧淨芳師。

竹林山觀音寺、明德水庫、薰衣草園掠影

不知何時台灣的銀髮族群流行非假日出遊！通常週二到週四，到各觀光景點，都是退休的銀髮族，而例假日或放假的節日，都是年青族群或夫妻帶小朋友出遊，人山人海的觀光區全是年青人和小朋友。

這世界已然做了二區分，青壯以下活在一個世界，中老以上的耆艾等族又活在另一個世界。不同的世界如何溝通？據說只有「蟲洞」，且不管別的世界如何！台大退休人員聯誼會現在也經營出很有規模的世界，在這個世界，會員玩的不亦樂呼！看文題就很吸引人。

一、林口竹林山觀音寺

在我的印象中，本校登山會和退聯會的活動，常包含參拜寺廟之旅，我覺得這和年紀也有關，沒有一些人生歷練，參拜寺廟是沒有感覺的。退聯會似乎是一個很有佛緣的團體，我們常到寺廟禮佛，與菩薩接心。

上午八點從校門口出發，九點多就到位於新北市林口鄉菁湖村的竹林山觀音寺。

大凡有口碑廣傳，能吸引各方信眾參拜的佛寺，都經久遠歷史和眾生護持，有深厚的文化意涵。如號稱我國「第一古剎」的河南洛陽白馬寺、曾是六祖惠能駐錫的廣東韶關南華寺、達摩祖師登岸的廣州華林寺，乃至少林寺、

棲霞寺……說不完的我國名寺，都是很有來頭的。

今天我們參拜的竹林山觀音寺，奉祀十八手觀世音菩薩，也是小有來頭，且有一段大大可以稱道，深富中華民族春秋大義氣節的故事。

清嘉慶六年（一八〇一年），由福建省晉江縣安海龍山寺，分靈大媽、二媽、三媽到台灣來，當時大坪頂地區（五湖、五坑、龜山）信徒，恭迎大媽由「大八坪位」（現改為樹林口、菁埔、太平嶺、南勢埔、大湖、台北、新莊、泰山、西盛、頂坡角、冬山、桃園、大竹、南崁、大園、外社、大南灣、小南灣、龜山、下湖、等二十坪位）輪流奉祀。

日據時代日本推行「皇民化運動」，規定寺廟必需合乎日式風格，所奉祀觀世音像也必需燒掉（幸經信徒陳隆兄弟藏匿）。但寺廟興建成日式風格，信徒無力阻止。

台灣光復第二年（民國三十五年），信徒開始共議改建本寺以合乎中國式寺廟規格。乃公推黃永茂先生任董事長，王金生先生負責策劃，三十七年再公推熱心公益的吳水先生任建設委員長，親自督工興建，三十八年工程完成。又經半個多世紀，廟貌老舊，安全堪虞。民國八十九年再開始改建，這日我們造訪仍未竣工，按簡介說明應於今（九十九年）完成。炎黃子民的民族氣節，果然不是倭寇的皇民化運動所能撼搖。「竹林山」之名，是王金生先生取蘆竹鄉的「竹」字，林口鄉的「林」字，龜山鄉的「山」字，因奉祀觀世音，故簡稱「竹林山觀音寺」。我們在這裡駐足一個多小時，參拜、拈香、觀景、攝影或樹下小憩。

二、參觀義美博物館·體認成功者的打拼精神

近幾年來我常想一個問題，也常當笑話、閒聊講給人聽。大約民國五十六、七年間有三個人同時起家打拼事業（設ABC三人）經約三十五年的努力A和B已富可敵國，事業版圖擴張至地球五大洲，而A和B仍自稱是「貧道」，A是佛光山星雲大師、B是慈濟證嚴法師；那C就是筆者，領一點退休金過日子，能布施給人的少的可憐。C與AB為何差這麼大？其中必有「致命性、關鍵性、絕對性」天大的原因？

我苦思那原因，大約五十歲出頭，我明白了，懂了，但已來不及了。只能說自己EQ和IQ都不足，先天後天更是不夠。

最近我看一則新聞，鴻海集團正在布局大陸的全球總部，現有員工九十萬人（國軍

總兵力的三倍，天啊！），要擴充到一百五十萬人，好厲害。其實郭台銘在三十多年前，比我現在還窮。

僅僅是那一點看似平常的道理，星雲大師、證嚴法師和郭台銘，他們把小小一個「燒餅」，以三十多年時間做得和地球一樣大，像一個「超級大餅」。而我的餅，仍然只是個燒餅，「餅」始終做不大。對於能把「餅」做大的人，我始終投以尊敬的眼光。

退聯會今天的行程，離開竹林山觀音寺，我們遊覽車直抵位於桃園蘆竹南工路的義美食品觀光工廠。我們不僅是參觀義美博物館，更是來認識一位能把「餅」做大的企業家，義美董事長高騰蛟先生。

提起義美食品，從未吃過義美餅乾的人，可能不是台灣人（可如此測驗偷渡客）。這是一家民國二十三年創立的餅店，蔣渭水在今台北市延平北路所創大安醫院舊址就是義美食品公司創業所在。義美博物館的解說員詳述這段往事，當然特別介紹創業者的經營理念，董事長高騰蛟先生，一生堅持的信念是「做餅是老實人的行業，是良心事業」。高先生本人一生儉樸、刻苦耐勞、堅持誠信原則，他的信條是「真誠實在」，才能永續經營。聽起來似乎只是簡單的道理，大家都懂，能實踐力行者少少少。

49 竹林山觀音寺、明德水庫、薰衣草園掠影

臺灣民報發送實況
大正十四年一月六日
2010/09/15

董事長的故事
2010/09/15

看完博物館，參觀義美古董園區，原來義美枝仔冰是那樣做的，老祖先用石輪子榨甘蔗汁。大家紛紛與這些古物合影，留住歷史，現代社會的發展可能因為「失根」，所以大家越來越重視「根」，也常有「尋根」活動。

中午我們在蘆竹鄉南山路一家叫「萬翔餐廳」用餐，少不了一桌山珍海味，美食料理，吃的不亦樂乎。上午的行程雖走馬看花，但以退休聯誼會成員的人生歷練，相信是可以從「一朵花看天堂、一粒沙看世界」的。上遊覽車小睡一番，車正開往下個景點。

參、明德湖畔薰衣草咖啡香有女人夢

當遊覽車到達位於明德水庫旁的薰衣草園，立刻感受到不同於台北都會的浪漫驚艷，尚未入園，花香和咖啡香夾著女人的夢想故事，已然呈現在眼前。

進到這個薰衣草森林，心立即緩慢沉淨下來。一景一景，樹舞平台、水岸步道、愛情起點、香草舖子……是怎樣的一個愛的故事，原來林中藏有兩個女人的夢。她們向遊客這樣表述夢想：

兩個女生的紫色夢想……我們是這樣無可救藥的愛戀咖啡、愛戀旅行、愛戀流逝而過的光影與氣味，並用畫筆與音符，留住這些心情和故事……

在台北外商銀行工作了六年的詹慧君，與來自高雄的鋼琴老師林庭妃，在接觸一段很長時間西方的香藥後，一直夢想在一個可以身心安靜的地方，擁有一畝自己的薰衣草田，為了圓這樣的憧憬與追求簡單自在生活，兩人扛著全部家當來到山很多、樹也很多的湖邊……

好美的故事，真實的存在，走在明德水庫的湖畔小徑，坐在水岸平台賞湖光山色，台大人個個擺出最美的姿勢，也留下一則故事。

這湖邊平台像一座小小秘境，眺望對岸，湖水似從遠方樹林溢出，有溫和的陽光把湖面吻的漣漪粼粼，而樹陰處霧靄瀰漫，遠處偶有不知名的鳥兒與你目光交會。這光景豈能不賦詩一首，「明德湖畔紫色夢」：

驚艷，薰衣草與湖畔

一幅紫色的夢
不胖、不瘦不屬別色
這樣好，很健康
把兩個女人的唯美浪漫
秘藏於湖畔
可吸引四方追夢的人

而那明德水庫有一把年紀了
依舊不必靠濃妝彰顯美感
山色青春不老
難怪秋陽秋風拂面
如春風舞

到了薰衣草森林咖啡餘，不來一杯好咖啡，就像到酒家不喝酒，到賭場不摸一把，難不成是來「踢館」嗎？

坐在咖啡館三樓，幾個靠窗的好位置已有台大人，看似「櫻櫻美黛子」坐看，目光正在探尋窗外湖光山色。「提拉米蘇咖啡」香氣漫溢，對坐的闕姐似乎少了十歲，果然外景會改變人的視覺和感受，，也難怪情人節時浪漫的套房很夯。

咖啡館前是一大片薰衣草田的山坡，沿著山坡步道上小山丘，立著一棵高大的許願樹，一座戀人最愛的白色鐘塔，時時響起幸福的鐘聲。這一整個下午，數十位台大人收藏了多少美好的回憶，山光水色也因我們邂逅更添嫵媚。而那兩個女人的紫色夢想，「邂逅相遇，適我願兮。」，就把她藏在心中，當做曾經擁有的情話吧！「寄語台大退休人員聯誼會的朋友：

我們以前用嚴肅的心情寫論文
現在隨興寫散人或新詩
別管那些框框架架了
把自己解放成沒有重量

沒有體積　只是一朵
紫色的夢，別色也行
去編織屬於自己的故事
那就是生命中最美好的詩集
不須交給出版社
你如詩的快樂微笑已自動行銷
布施給四周的人

向晚時分，我們又到苗栗公館參觀五穀文化村，是一座傳統農業時代的博物館。亦在當地一家「紅棗食府」享用紅棗特餐。回程北上的車內，有歌唱、有笑話、有感恩，很多人說「人生退休才開始」，一語道中真相。（台大退聯會書記陳福成二〇一〇年中秋節草於蟾蜍山下）

龜山島：從戰略要點到生態公園

這一天，我和妻參加一趟龜山島一日遊，參加的團體是台大登山會，由旅遊組的張靜二教授（文學院）領隊，隨行嚮導有謝英雄、顏瑞和、林瑞鶴、蔡哲明、魏素芬等多人，蕩蕩浩浩兩部大型遊覽車，大家都想去揭開一個傳說中的故事。

神秘的傳說如同電影情節，最初都和軍事有關，謂有關國家安全應如何等。龜山島在兩岸對峙年代，因考量到中共武力犯台方式採「顛倒正面」攻擊，從東或東北進犯，因而龜山島一度成為台海防衛作戰佈署重兵的要點之一，軍事上叫「戰略要點」。

兩岸進入和平交流時代，它當然就失去戰略上的價值，因而不做軍事用途，說來真是諷刺，政治人物每謂「人民是國家的主人」，但許多名山勝景，都是國家不用於軍事或任何方面，人民才有涉足機會。

二〇一〇年四月十日，這一天是星期六，是我們的機會。我們以興奮的心情，親臨小島，並期待能看到大鯨魚，至少也看到小鯨或海魨。

老天配合，天氣好海景佳，船上的地陪介紹這裡的一切。小島位於宜蘭縣頭城鎮海岸以東約十公里處，為孤懸於太平洋上的火山島嶼，型似浮龜，象徵「龜蛇把海口」守護著蘭陽平陽，為宜蘭的精神地標。若在好天氣（如今日）島伴浮雲朵朵，風姿綽約，屹立在海面上。島嶼有著各種不同的地理景觀，是謂八大美景：龜山朝日、龜島磺煙、龜岩巉壁、龜卵觀奇、靈龜擺尾、神龜戴帽、眼鏡洞鐘乳石觀奇、海底溫泉湧上流。惟因潮汐、氣候等不同季節之變化，並非同時可以一攬八景，而看大鯨機會更少，小鯨或海魨（漁民叫它海豬）機會較多。

小島在沒有成為戰略要點前，島上住有漁民，有一個小漁村和基本建設，黃杰主席曾到島上最高學府「龜山國小」巡視。本文照片都是龜山遊客中心翻拍的，現在小島早已沒有住民，只有幾位海巡人員看守。

島上自從不住人以後，確實慢慢恢復了原始狀態，軍事設施（坑道、砲堡、機槍堡等）保存的很好。可見得曾有一批國軍在這裡為「反攻大業的準備工作」，貢獻出他們的青春歲月，那時他們日夜守著這個二點八五平方公里，東西長約三公里，南北寬約二公里的小島。大約同樣的時間，我也守著金馬前線、小金門、高登島等地方，戰地場景都類似，武器型號仍在我記憶中，好像又回到自己堅守的戰場。

我們是先繞島一週，沒看到大鯨小鯨，倒是幾隻海魨在遠處活動，引起大家驚喜紛紛取景。此外，看著巉岩峭壁、溫泉自海中湧出、海蝕洞及各種植物生態。

小島最高海拔二三九公尺，我們時間總共才兩小時，並未登頂，幸好可看東西亦不多。簡便的遊客中心，陳列著過往曾有的風光，我照下幾張（如後）以供回憶。

一九八八年解嚴後，一般百姓得以到島上觀光。一九九九年十二月二十二日，行政院再核定把本島納入東北角海岸國家風景區範圍。為維護這塊寶地，採低密度開發原則，使之成為北部藍色公路的旅遊中途站。大約中午十二點多，乘原船回到宜蘭頭城午餐，海風有「味」，可以醞釀出詩，「龜山島」：

台大人遠道而來
上午的陽光，開始熱情歡迎

島，瀰漫著原始的寂靜
一種神秘的笑意

做為戰略要點的記憶
仍密藏在島底的深邃地道中
我們蜿蜒在你的肚子
傾聽　搜尋神話

神話已遠
你開始轉型　不明的野花說
現在專為保存稀有生態
而存在

1950年龜山島漁村
Turtle Island fishing village
2010/03/08

1968年黃杰主席巡視龜山島的建設
Provincial Governor Huang Chieh inspects development on Turtle Island in 1968.
2010/03/08

1969年竣工的龜山漁港
The Turtle Mountain Fishing Harbor, completed in 1969.
2010/03/08

龜山島上的最高學府-龜山國小
2010/03/08

看日出和四方竹：阿里山和奮起湖

二〇〇九年的六月，是本校一年一度的畢業節慶。校園中，從早到晚，都有畢業的小朋友們（博、碩、學士），在家長、朋友、同學陪伴著，在校園裡獵取最美的景點，讓這美麗而值得留念的倩影，成為一生永恆的回憶。啊！小朋友們，要珍惜，也許轉眼間，你也是退休聯誼會的大朋友了！

這世界就是這樣，小朋友有小朋友的功課，大朋友有大朋友的功課。這回退聯會的大朋友們有什麼功課呢？正是理事長丁一倪教授和活動組長關麗蘇小姐，二位用愛心所策劃的「阿里山、奮起湖二日遊」，是我們大朋友們的遠足。

六月十七日早晨七點多，這個有近百年古蹟的「台大校門」，已零星有應屆畢業的小朋友在照相，還擺各種可愛的姿勢。同時同地點，是我們這群大朋友正有序的上遊覽車，興奮之情不亞於那些小朋友們。現在隨我按行程簡介，與未參加此行的朋友們分享。

獨角仙公園、阿里山森林公園

台北到嘉義，頗有一段不算短的距離，但大家覺得過的很快，兩次休息站小憩，就已快到中午。原因一是大家在車上歡唱，快樂時光過的快；二是有麗華小姐熱心、親切的服務，一下端茶來，一下泡咖啡，讓這部遊覽車像是「時光機」，瞬間到了嘉義獨角仙公園。

顧名思義，此處應以「獨角仙」為重頭戲，但大約快近午大夥入園時，只見園內冷冷清清，而公園內外花草青山依究自然嫵媚，不失為一處引人景觀。馬廄內幾隻還算壯碩的馬對我們表示歡迎，大家在園內到處閒逛一會兒，當成午餐前的開胃活動。

獨角仙公園的冷清，可能也受到全球景氣衝擊，或我們「創造內需」努力不夠。若是，我倒為嘉義獨角仙公園請命，希望我們銀髮族和「櫻櫻美黛子」的退休族，能多利用時間來獨腳仙公園，休閒和拼經濟兩得，何樂而不為呢？

午餐畢已快兩點，遊覽車直接開往阿里山，進住阿里山閣大飯店，晚餐前大約兩小時是遊覽阿里山森林公園的時間。阿里山應是台灣最有代表性的觀光景點，大陸同胞來台觀光首選是阿里山，然後才是其他，我得用心介紹。

相傳二百五十多年前，鄒（曹）族有一位酋長名叫「阿巴里」，勇敢善獵，由達邦翻山越嶺到今之阿里山打獵，常滿載而歸，就常常帶族人入山打獵，每次都豐收。族人為感念他，乃將其地名稱「阿里山」。

阿里山森林公園面積約一千四百公頃，是芬多精豐富的自然景觀，一行人一到便覺精神舒爽。因時間頗晚了，大家在一些重要景點攝影留念，如沼平公園、蒸汽集材機、老火車頭、受鎮宮、姐妹、慈雲寺、三代神木及各大小神木多株，它們在這裡見證千年歷史發展。還真是「神」啊！

豐盛的晚餐後，只能在飯店附近的林區散散步。整座森林一片寧靜，空氣中的芬多精，還有不時傳出聲音清亮的鳥叫，給都市人來一次心靈沐浴。黑漆漆中有幾盞暗暗的路燈，照著三三兩兩閒聊旅人，以及幾雙情侶，為這靜夜再添一分美感。

神奇日出、雲海與南台九份「奮起湖」

日出向來是阿里山觀光景點中，最具吸引力的「經典」，未看日出等於未到阿里山，若是大陸同胞來台觀光，到阿里山未看日出，也似等於未到台灣，可見得阿里山日出確有媚力。我仍帶著幾分好奇，儘管半生以來我看過最美的日出有四，玉山、大霸、南湖和天涯海角（在海南省），卻從未見過阿里山日出。

第二天（六月十八日），早晨四點，我們都在夢中被晨喚起床，盥洗後輕裝在飯店大門集合。天氣有些冷冷的，不知從何而來竟聚起一大群人，聽口音，大約港台大陸最多，少數老外。清點人頭後，有領隊者引導，眾人散步到沼平車站，不久小火車（阿里山五奇之一）來了。這種老舊、狹窄又冒著煙，走起來慢慢的，左挄右挄的發出「咔嚓、咔嚓」聲響，像是木材或金屬的斷裂聲，讓人感覺這部小火車是否下一秒就要「解體」了，而車上有數百中外慕名而來的觀光客。

天色漸亮，小火車沿著山路慢慢爬，如深山隱士老道，只顧自己在林道中蹀蹀踱步，管他別人怎麼看。車上旅客只管賞鮮（新鮮空氣、清新美景），也就不管死活了。約莫半小時，將近五點，到了祝山車站，出站即通往各觀日出的平台，人潮已然開始蝟集。

在不同高低的海拔位置，至少有十處構建古樸的觀日平台，大夥各自尋找適合自己角度的位置，架好或試用照相機。接下來是靜靜等待，等待這隻宇宙般大的老母雞，即將要生下一個太陽般大的蛋蛋，等待，據聞，生蛋的時間是五點零幾分幾秒，而整個過程只有四秒鐘。

今晨，天氣晴郎，眼前不遠處有雲海一波波，如在仙境。往東看，玉山和南玉山峰清晰可見，再遠可看到秀姑巒山；往北方看，郡大山、清水山和西巒大山也可望見，看來今日是看山的好天氣。

終於，老母雞似有動靜，在群山連成的稜線上，正前方一處較明亮，正是母雞生蛋處。說時遲也還快，一顆蛋蛋蹦出一點點圓形光環，漸亮，天空曙曦很快有曚曨陽光照下，一個充滿希望的黎明，已無條件的獻給每一個人，隨人心意使用。

前後才約幾分鐘，天空大亮，奇怪的是旅客不約而同像一群「快閃族」，瞬間竟都不見了，湧上小火車要下山了。若要我相較玉山、南湖和大霸尖山等地的日出，雖也算「奇美」，只是少了幾分寧靜自在，人潮太多趕時間吧！

賞完日出雲海，回飯店早餐，上午約有兩小時可以徜徉在素有南台九份稱號的「奮起湖」。迷漾的小山城有許多歷史的痕跡，如鐵路便當、老街、老火車站、台灣杉環狀步道，但老街買「等路」最能吸引人。

奮起湖一奇是我們從未見過的「四方竹」，吾人走遍各地所見竹竿都是圓形，唯獨這裡的竹竿天生是四方形，故名之「四方竹」。原產四川峨眉山，六十年前移植至此，它與一般竹在性質上也大不同，對生長氣候有選擇性，不易栽培。全台亦僅此獨有，十分珍貴。

奮起湖更好的觀光點尚有十八羅漢洞、流星巖、樹石盟、雲霧林、楓林峽和大凍山日出。尤以大凍山日出為一絕，海拔一九七六公尺，日出時間長達三分二十秒（阿里山只有四秒）。此處是南台觀日出視界最美的山峰，阿里山、玉山、大小塔山、太和、草嶺、新營、曾文水庫等勝景盡收眼底。

成仁取義吳鳳忠王祠、養生晚餐、晚安曲

午餐後的下午，有一段閒逛的時間，南部太陽會咬人，大夥正好在古色古香的吳鳳

忠王祠林陰乘涼，在廟裡到處看，沉思成仁取義的故事。

阿里山忠王祠位於中埔鄉社口村，占地一甲餘，係當年吳鳳的衙門所建，又稱吳鳳廟，已列入國家三級古蹟。民國四十三年，先總統　蔣公蒞嘉，感其仁義，令縣府整修，益收化育之功。民六十八年再闢為歷史古蹟觀光區，並與曾文水庫、阿里山、瑞里連線成嘉義觀光網。

吳鳳公於清乾隆時任台灣阿里山理番通事，教化撫慰山胞，其墓原在成仁地，嗣應其後裔要求，遷葬故居竹崎鄉仁義村山麓，民六十六年立碑紀念。有閩南建築風，地鋪石齒石、迴廊紅柱八十八角庭，依山勢而走，是阿里山旅遊之中繼站。

吳鳳廟旁的中華民俗村也值一看。原名吳鳳紀念公園，區內規劃成十大主題區，有民俗博物館、閩南古厝區、水上舞台、親子樂園、蠟像館等。

吳鳳廟前庭左側也是遊人佇立沉思之處，植有菩提樹六株，經數十年成長，冠蓋枝椏交錯，相互拱抱，形如一巨樹。民七十二年二月十四日謝副總統蒞臨觀賞，命名「牽手樹」，因民間習稱妻室為牽手，喻夫妻親愛扶持之義。

遊完吳鳳廟，即將打道北上，不知何年何月再有機緣謁奠仁者吳鳳。惟回顧這兩日阿里山地區之旅，該看的都看了。五奇（日出、雲海、晚霞、森林、小火車）、五木（紅檜、鐵杉、台灣杉、華山松、台灣扁柏），及移植台灣且僅有奮起湖才有的我國四川之寶「四方竹」。據聞，四川二寶，熊貓是動物界之寶，四方竹是植物界之寶，因地球上僅此地有，是否確實，待查。

但阿里山之美，美在四季有不同的視覺和觸覺享受，這是成為大陸觀光客首選之主因。例如現在炎炎夏季，森林中陰離子、芬多精處處瀰漫，鳥語花香，運氣好可看到冠羽畫眉和特有山椒魚，還有射干菖蒲、金錢薄荷、菊唐草等開花。而春季是櫻花季，有六種櫻花同時盛開，很是迷人，是帶情人賞

在奮起湖老街

花的季節。

而秋陽晚暉璀璨絢麗，雲海翻騰，海棠盛開。冬季楓紅，層層落葉繽紛，滿山楓、梅和紅榨槭，把冷冷的寒冬燒的通紅，僅眺望不遠處的中央山脈雪景，另是一片雪白的銀色世界。

退休的大朋友們！我們另三季再組團來阿里山吧！

用晚餐的地方也值得記上一筆，在大溪保健植物園（桃園縣大溪鎮員林路三段三八五號），這裡也像一座中草藥植物園，實即一家容植物園、草藥園與自然景觀為一體的餐廳。內外近三千餘坪，有綠草如茵的美麗草坪，有生趣盎然的生態空間，用餐之處自

阿里山雲海日出

71 看日出和四方竹：阿里山和奮起湖

上圖：阿里山賓館內
左圖：阿里山「新」神木

左起：吳元俊、吳信義、馬鳳芝、陳福成，在阿里山林區。

阿里山雲影

然典雅，窗內窗外的翠綠用大片落地窗容為一體，心情立即得以放鬆，連血壓都得到解放而降低。

說到養生美饌，味美、新鮮而合養生的健康料理，真的是台北大都會找不到。特別是運用中草藥熬、煮出一道道適宜人體須要好料，讓每個人吃得飽飽，肚子圓圓，又不增加人體負擔，這種好菜那裡有？

吃飽喝足，踏上歸程。遊覽車的麗華小姐問大家吃的痛不痛快？玩的爽不爽？眾人答曰：「好爽」，不僅每餐都吃的好，遊覽車小姐亦「秀色可餐」。

這一切的美好，還是要感謝台灣大學能有一個「退休人員聯誼會」這樣的組織，理事長丁教授和活動組長關小姐的細心策劃，我們這些退休人員才能這樣快活悠閒的到處去玩。

寫本文時，正有新聞播報，謂「台灣大學校長李嗣涔教授輕微中風送醫……等」。以退休聯誼會之名，祝福校長早日康復，校運倡隆，並朱望校長日理萬機之外，也能常運動，為校珍重。（台大退聯會會員陳福成草於萬盛草堂。二〇〇九年夏）

陽明山、金山一日遊

「台大退聯會」目前人氣最夯的人是誰？無疑的，是關麗珠小姐吧！她這一年所辦的活動，大概遠遠超過以前幾年的活動組長，所有活動的總和。

國內外的旅遊活動，關姐幾乎每月都有，從未間斷，而且每回都是一或兩部遊覽車，人數都達數十人。這之間有很多繁雜的行政工作，如辦理每人的旅遊保險、協調遊覽車、景點食宿安排、申請學校經費補助等等。

也因此，關姐真是很辛苦，每天都要來「上班」（無給職），這種「虧本生意」的苦差事，天下有誰要幹？

但是犧牲奉獻的事，也未必人人「買帳」！退聯會的哥姐們大概還記得，去年（民98）的會員大會關姐在會中有「感性的抱怨」，謂如何如何！會後我安慰她說：「任何活動也不可能得到百分百人的支持，百分百的人滿意。」。為給關姐打氣鼓舞，小弟不材，獻上讚美詩一首，題名「台大退聯會的梅花」：

活動組長關麗蘇，志工事業不馬虎；
台大校園有梅花，四季開花永不枯。

這回的陽明山、金山一日遊，按往例關姐也是忙了很久，行前又一一通知、叮寧注意事項。同時她又把幾位教官都「拉來」，說讓你們兄弟一起好玩，坐位也排在一起，真是感人。果然，集合時我先就看到吳信義和吳元俊二位大兄，笑聲傳的好遠、好遠……

這是三月十日星期三的早上八點多，遊覽車在台北市擁擠的水泥叢林中，與「各類兇猛的物種」爭奪路權。當然，我們是「最大的一隻」，所以從台大校門到陽明山遊客中心，大約不到一小時。難怪很多人說「大就是美」，果然就是，大也表示優勢、資源多，故能取勝，台大之能稱「大」，也是這個道理吧！丟個議題給大家思考。

九點多在陽明山遊客中心看影片，介紹「愛上草山」，把陽明山從幾萬年前至今講了一回，其實，我想每人不知來過多少回了。有心無心的看完，大家不約而同竟繞著遊客中心前庭後院走一圈，算是到了！

三三兩兩，邊走邊聊，我們是來給花看的。我們當中許多人對「走山」很有興趣，陽明山有十條步道值得走一走，如七星山、大屯山、箭竹步道、二子坪、擎天崗、石梯嶺、夢幻湖……說之不盡，夠我們磨掉全部的退休歲月，只要願意走出來，夠你玩的，別坐在客廳給電視機看，不久被看成了一尊「人偶」。

走馬看花，意猶未盡，便轉往中山樓，這是火山口上的翠色寶冠，這可是國寶。是我榮民前輩紀念　國父孫中山先生百年誕辰的獻禮，人在其中，感覺完全不同了，大家一面參觀，搶著找到最好的位置，擺好國大代表的姿勢，一一拍照留念。

竹子湖的花海是陽明山另一特色，開車經過就常看到白花海芋織染出大塊白綠相間的拼圖，同仁三三兩兩在田間小徑散步。有老夫妻手牽手蹀蹀前行，有踽踽緩步，享受這難得的幽閒、寧靜。我們這群人雖退休了，但說老亦不很老，似乎平時也還忙著很多工作，能有此行，也是不易。話頭又回到關姐，虧她細心用心安排這個行程。

午後的行程有三，都在金山，吾有一友也是「金山人」，但他是大陸的金山，卻也協助新北市修「金山誌」。據吾友說，吾國有多處地方叫「金山」。一是江蘇省金山縣南海有金山，次為蒙古西北阿爾泰山也叫金山，三在遼北康平縣有金山，唐將薛仁貴曾在此大破高麗軍；四是江蘇鎮江西北的金山寺，最後就是我們午後的目的地新北市金山鄉。或許人皆愛黃閃閃的金子吧！最好擁有整座金山，又能據為己有，故許多地方名叫「金山」。

先到的是金山青年活動中心，因時間不多，或許午後人有些昏昏欲睡，多數人在活動中心閒聊休息，我和少數幾位在外頭遊蕩，我只想進一步了解這地方。原來此處在民國四十九年已創建，為國內最早的青年活

左起：吳信義、陳福成、吳元俊。攝於金山（燭臺雙峙）

動中心，依山傍水、景色怡人，目前已開發多元旅遊場所，渡假、露營、溫泉、海灘活動等。多位同仁想去泡湯，但行程和時程都不能配合，看來只有擇時自己來囉！或建議退聯會組「泡湯團」。（附註：本校在陽明山有專屬「溫泉中心」，有興趣泡湯只須到事務組登記。）

而獅頭山三面臨海，景觀很有看頭。山頂和海岸的防衛工事、戰堡，讓我回憶三十多年前（民67-69），我在馬祖高登當連長，地緣景觀幾乎「一模一樣」，四季都有深濃的蕭瑟感、蒼茫感。啊！那些為「反攻大陸」打拼的日子，已是生銹的歷史了！

較有「人氣」的地方還是金山老街，據

左起：吳元俊、陳福成、關麗蘇、吳信義。攝於金山（燭臺雙峙）

在中山樓早年國大代表開會的地方

本書作者在中山樓會議室一角

在中山樓休息室外，台大退聯會出遊成員。

在中山樓兩蔣銅像前

說清代就有，算是「古蹟老街」。這裡地方小吃、童玩、古玩、零食，如同其他觀光老街一樣，也是應有盡有。金山的名產以地瓜較富盛名，所以我們幾乎人手一袋地瓜。旅遊嘛！吃喝玩樂看，買名產也是重頭戲，每人都是大包小包的。

吳信義講一則「笑話」，為今天的一日遊劃下完美的句點。他說：「我們這個年紀了，白天沒鳥事，晚上鳥沒事，就是要走出來，玩的快樂，活的快樂最重要。」

他又補充：「活動活動，要活就要動，不動了，就……」我想，這不是笑話吧！這是「真理」，中國老祖先造字真奇妙！我們是乘著笑聲回家的。（陳福成　二〇一〇年三月台大杜鵑花季。）

宜蘭藏酒莊、松羅步道詩酒之旅

心理學家說，童年的家庭生活，含童年所碰到的一切事物，都會影響人們一生的行為模式。

證之在我身上，似乎是正確的。我從小被父母叔伯等長輩教導（其實是強制的），天天要寫日記，而且有一位叔叔還要經常「批改」日記，每天的一篇日記如同一篇作文，當時真是「若不堪言」啊！在我的童年時代，父親如同「大軍閥」，孩子們只有服從、受教，乖乖的學習，從無說「不」或反抗的念頭。

也因而養成我每天寫日記、筆記，記錄行誼的習慣。說來也奇奇怪！竟成為一種「生活習性」，至今我仍每天大約會靜靜的坐在書桌前寫東西，至少兩小時，寫一切想寫的東西，且快又準，當然不是什麼經典之作。

或許我有此習慣，才有機會成為退聯會的「書記」。六月廿四日的宜蘭藏酒莊、松羅步道之旅回來後數日，關姐要我寫一篇遊記，這是一趟詩酒之旅，若不加以記錄便成恆久記憶，真是可惜！

我們按原計劃上午八點在台大校門口集合出發，約一小時就到宜蘭郊區，田園農舍景觀完全不同於台北。這真要感謝雪山隧道的開鑿，但許多環保團體仍認為開這隧道是不對的，看來對錯只有等時間判官做裁奪了。可見的未來某天，若該處的土地爺爺沒有大規模反撲，或許就是對的；反之，有大規模反撲造成空前巨災，當然就是錯，未知如此推論是否合乎邏輯？言規本題。

原先上午行程先到藏酒莊，在酒莊內午餐，下午有松羅步道和金車蘭花園。因近日常有午後雷陣雨，故上午行程先排松羅步道，午餐和下午在藏酒莊，這一日遊也以這兩處為主，餘皆走馬看花。

松羅步道位於宜蘭縣大同鄉，等級很高，稱「松羅國家步道」，單是一條步道有何能耐能是「國家」級的，定有原因。更奇的，羅東林管處已在宜蘭縣內開闢六條「國家」級步道，最早的時候，松羅步道只是一條泰雅族人狩獵山徑，經整修而成目前很夯的觀光休閒景點，因為這裡保留雨林般的森林植被原始景觀。

現在的松羅溪和台灣地區其他溪流一樣，水量不足，據聞往昔水量充沛時有許多叫「苦花」的魚，泰雅族人叫「蒂烈娜」，像是一個女神的名字。後因濫捕，面臨絕種危機，幸好大同鄉民及時形成自覺，從二〇〇二年七月起封溪，只隔兩年多後，松羅步道沿溪邊又能看到很多苦花魚。可惜我們沒有太多時間慢慢賞魚，且君子淑女們心也不在魚，三三兩兩閒適散步，欣賞步道溪流山景。

只是一條臨溪步道，聽起來確實沒有什麼特色。其他地方也有很多臨溪步道，卻只有松羅步道紅的發紫，可謂國內近幾年來最夯的一條步道景點，親臨現場走一趟就知道傳言不虛。

因為逶迤臨溪，所以松羅步道可以看到眾多濕生植物、眾多的附生植物、眾多的水濱昆蟲、鳥類，還有各種蕨類。有時還看到一些可食的野果，季節性不知名的野花。

因為緊臨一條會說故事的溪，遊人行走時，隨時可以聽到各種節奏的潺潺演歌聲、各種曲風的唱法。有時有微風、陽光參與，人行其間，頓時感到生命有了活力。你的步伐也覺輕盈許多，看沿溪儷影雙雙，倩影二三，巧笑倩兮，便知松羅步道的功力了。

因為步道臨溪，行程中會有吊橋、竹橋、瀑布，柳岸花明又一景，使景觀多變。加上幾年封溪有成果，這裡成為最夯的「濕樂園」。

但松羅步道全長兩公里，來回兩小時中，景觀最佳在後半段。所以不要走前半段就回程了，美麗的景色，稀有的朋友們都在後頭。如苧麻、水冬瓜、水同木、山蘇、抽葉藤、毬蘭、石藻……等濕生和附生植物到處可見，有的整群整片，儼然大家族形成的部落，山蘇最容易聚成大面積。自然界和人類社會的共同點，大概就是物以類聚了。這些道理有時讀一輩子書，讀破萬卷，卻不一定懂，到郊外走一趟，頓然有悟。

和人類更相近的朋友，同屬動物類，有蜻蜓、無霸勾蜓、青帶鳳蝶、石牆蝶、數鳥、山頭紅、朱鸝，紛紛在此雅聚候光。但我們時間不多，似有辜負這些「異域」朋友之盛情，賦詩一帖，以供雅賞。

松羅賞幽遇友

透迤臨溪沿著一條幽遐曲徑
任思緒漫無目的去漂流

隨水聲洄溯前世今生
或那裡也不去
邊走邊聽苦花魚訴說她們重生的故事
沿著一曲夢徑蜿蜒前行　驚奇
稀淡的友誼　在此候光
水冬瓜、山蘇……蜻蜓、朱鸝……
已然為生命多添一抹光彩的傳奇
在今晚的回程夢中化為一款清淡寫意

走完松羅步道已是中午，到了藏酒莊（頭城鎮更新路的一座山林中），已快一點，「大肚五臟廟」開始各種欲求。多虧活動組長關麗蘇小姐細心安排，遊覽車一到，人很快進入酒莊，美食、套餐早已備好迎賓。很快的，「五臟廟諸神」，於「尊俎折衝」間，滿足所要，也就安靜好一陣子，只聽到大塊剁切和窸窣咀嚼之聲。

也可以見得，古今中外在另一種「戰場」上，「尊俎折衝」完成任務，達成目標，確實是更高明、更有境界的戰略，甚至是大戰略，一種不易練成的工夫或藝術。這是題外話了，容我先介紹藏酒莊。

台大人來藏酒莊應已多次了，我是第二趟，可見這裡確實吸引人。

這家藏酒莊（在更新路一二六—五十號），是宜蘭第一家以綠建築概念為主軸發展的酒莊，四周環繞著青山，佔地廣闊，酒莊內有桃子林溪貫穿其中，得天獨厚的自然湧泉水質甘美。酒莊內釀造的金棗酒、梅子酒、紅白葡萄酒……各種酒類……各種酒類風味獨特，現釀自銷。其中以葡萄酒系列最有人氣，讓人不禁一杯接一杯地上癮品嚐。

藏酒莊中有山林咖啡，廳內透明玻璃與室外山景溶為一體。美景、美食、美酒加咖啡，城市那些煩囂，紅塵諸多壓力，早已離人遠去，如置身世外桃源裡的一個理想國。

午餐後，參觀酒窖，導覽員細心有趣的解說，包含中國釀酒史、酒神、酒星、酒的種類等。相傳酒神是少康（即杜康），是釀酒業的祖師。整個園區內用很多甕做藝術陳設，形成有趣而鮮明的意象。

但最夯的是午餐後的品酒，各種梅子酒、葡萄酒……任你喝，有美麗的小姐一杯一杯為你倒酒，好不快活！只見熙來攘往，把酒歡言，痛快的喝。藏酒莊有風情、有境界，以詩頌之。

藏酒莊

這酒莊像是竹林七賢為逃匿
不可為的天下
在深山秘境中精心釀造的
一方理想國
古往今來的人們只有隱遁這個國度
天下才是可為的

經青山綠水沉殿的流泉
醞天地精華　釀人生理念
配以古之靈藥　今之科學技術

還有一種愛
全部封存在甕之國度
專為有緣人在此備飲

這些甕

有的仰天長嘯
想說什麼？
有的乾脆把屁屁對準天
不想說了
一定有什麼不滿

我們在藏酒莊待的時間最久，酒足飯飽後大家在園區拍照留念。園區寬廣，如生態探索、兒童遊戲區，都有特色，生態池中植滿睡蓮，布袋蓮、紫莎草。還有小魚游泳、青蛙唱歌、小鳥迎賓、騎木馬、盪鞦韆，真是不亦樂乎！我們像又回到童年。

以不捨的心情離開藏酒莊，車開向下一個目標，是金車蘭花園。據聞是金車生技北台灣最大的蘭花園，有成千上萬種，我只認識一種就叫「蘭花」。

也許大家玩累了，走馬看花，意興闌珊，休息十多分鐘，大家上車準備晚餐和拼經濟。也據聞，現在銀髮族「拼經濟」在星期一到五，年青人只在周六、日，言下之意，銀髮族群對台灣內需經濟貢獻很大。

果然，晚上回台北時，每人手上大包小包的「等路」。我等，得到快樂、慢活的一天；兒孫們等到的，是一串串的愛。回程吳信義學長又講一笑話（警世之言），他說：「別人在天堂，錢在銀行。」真是妙極了，這是給所有人聽的。

91　淡水紅樹林步道看水筆仔怎樣「胎生」

正前第一關麗蘇、陳福成、馬鳳芝；最右范信之、數學系教授吳貴美；最後右舉勝利手式者主秘何憲武教授；箭頭指李學勇教授。2010 年 6 月 24 日，宜蘭藏酒莊，台大退聯會。

水筆仔快「熟」了！

93　淡水紅樹林步道看水筆仔怎樣「胎生」

在淡水紅樹林步道

紅樹林步道上的常見動物（下同）

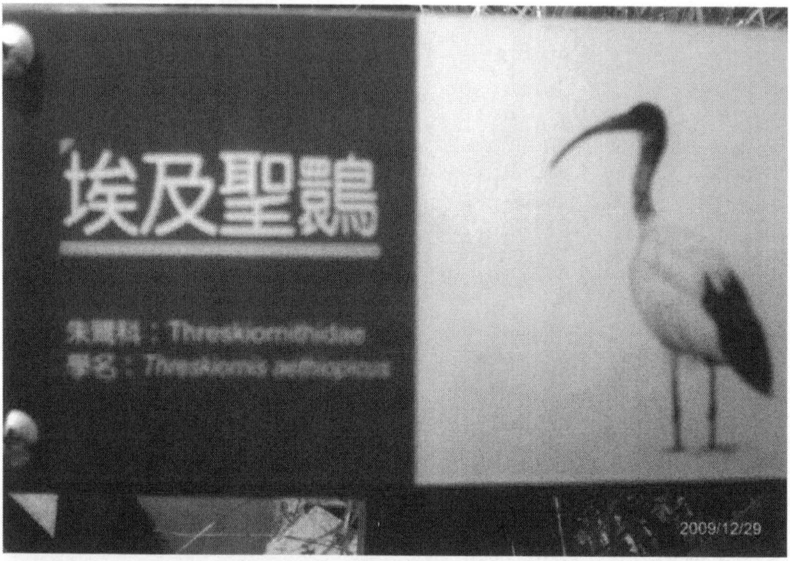
埃及聖䴉
2009/12/29

角眼沙蟹
2009/12/29

淡水紅樹林步道看水筆仔怎樣「胎生」

水筆仔之歌

認受重鹹的煎熬
忍受污泥的滲透
再忍受失鹽狀態的待遇
無終止的面對陰陽兩界扯引
才懷胎誕生
一出母體就是頂天立地的一條漢子
總立足於岸與海間之灰色地帶

承擔自海吹來的無端狂囂
吸納從岸流出的骯髒抹黑
無損我們在此生存發展與貢獻
現在我們團結成林　庇護眾生
遊人觀賞是最大快樂

這些年退出職場，例假日常與妻隨者各團體（主要是台大登山會），到處爬山走走，已經不爬大山了，只在郊區小山、步道慢走。

幾年前隨隊走了一回淡水紅樹林步道，之後便深深吸引我和妻，我們獨自走了無數回。主因是那水筆仔真是太可愛了，我們在不同季節看她不同的神情、生長，光是「看」，總不知所以然！於是空閒時我開始追蹤這群可愛物種的家族背景。

關於水筆仔

我對水筆仔產生好奇，原因之一是「胎生」，若說某些動物是胎生，並不覺得奇怪。

但說植物有胎生，便是奇怪的事，偏偏我是「好奇寶貝」，豈容世間有揭不開的「真相」。於是我追、追、追，比女人追查丈夫的外遇更用心！

水筆仔另有別名「水瓊花、秋茄樹」，以前淡水人叫「海茄苳」（注意！不是水茄苳）。屬常綠小喬木，葉全緣對生，長橢圓至倒卵狀且厚質，開白花五、六片。胎生苗下胚軸長棍棒狀，約十五到二十公分（如照片所示）。

開花常在五、六月間，呈海星般白色絲狀花朵，花謝後便長出圓錐狀的果實，果實會直接得留在母樹上的枝條發芽，伸出胚莖，到第二年春天長成筆狀胎生苗。（因末端如筆狀故稱水筆仔）胎生苗從母樹吸取養份，繼續成長到成熟後脫離母樹，落入泥灘地，尖長的胎苗直插入泥中生根。未插入泥中之胎苗隨潮水飄流，飄到任何海岸（熱帶、副熱帶），也能定著生根，開展生命的旅程。

水筆仔
學名：Kandelia Candel（L.）Druce
俗名：水筆子、紅欖、茄藤樹
科學分類：
界：植物界
門：被子植物門
綱：雙子葉植物綱
目：紅樹木
科：紅樹科

她為什麼要胎生？

問人為何「胎生」，也許「自目」！問樹木為何胎生？她不回答，實際上她已回答，電影「侏儸紀公園」最後一句道白，「生物會自己找到出口」。進化論似乎仍是生物世界的「真理」，水筆仔是生物，她為了生存發展，她找到「胎生」的生存之道。

一般植物的種子成熟後，立刻脫離母體（落地或放在任何地方），要經過一段時間休眠。當有適宜的生存條件（溫度、水分、空氣），便在土壤中萌芽成幼小的植殊（幼苗）。但紅樹科植物若依循這種繁殖模式，結果就是「死無葬身之地」且「絕子絕孫」，地球上便不會有水筆仔這可愛家族。為什麼？

原因在特殊的生活環境關係。紅樹生長在海岸邊，海灘每天都在漲潮和退潮。漲潮時海水淹沒樹幹，剩樹冠在水面上蕩漾；退潮後紅樹棵棵又挺立海灘。她所處的環境極不穩定（不安全），潮水漲落和岸上流出的淡水污泥，都造成生命威脅。而種子若成熟就脫離母體，墜落入海水中，立刻被海水帶走，得不到繁殖後代的機會，這種生物便沒有生存機會。

為生存發展之謀，紅樹果實成熟時，選擇不離母體，在母體中發芽長成胎苗（如人的胎兒），胎苗長到約十餘公分，便掉落直插入海灘淤泥中，幾小時便長出根，開始有立足之地，開展新生活。

如果胎苗下墜時逢漲潮，便馬上被海水沖走，隨波逐流，漂向遠方。但胎苗不會被淹（醃）死，她自體內有可維持生命的營養，可以在海上漂很久。也許漂到「新大陸」，到岸邊會很快生根紮地，便成開創「新國土」先行者，約數十年又會繁衍成一片紅樹林。

紅樹林有很多功能，是一道天然屏障，保護海岸水質土壤，過濾有毒物質，有觀光遊憩教育功能。其胎生苗含大量澱粉，古早人醃製食用，蜜蜂採紅樹花蜜所產蜂蜜最佳，羊吃紅樹產的羊奶最棒。（淡江中學　蘇文魁老師口述資料）

水筆仔的歷史文獻與淡水河水筆仔的由來

依文獻記載，西元一六三二年西班牙人占領淡水，他們的探險隊沿淡水河進入台北盆地，調查報告中提到淡水港附近有一種叫 Mang Ove 的灌木紅樹林，漢人收購這種樹皮四銀兩買一百斤，可能當藥用。二百年後，英國人也佔領淡水，曾採集紅樹當標本。

查新北市地理志，記有淡水河口和基隆海岸，有茄苳樹純紅樹林，濃綠叢叢，點綴水波中，狀甚美觀。

目前按行政院農委會特有生物研究保育中心，發表的研究（許再文），淡水的紅樹林在倭奴據台時期（約一九三〇年），已全部滅絕。後來再由淡水富商黃東茂從大陸引進，可見淡水的水筆仔是外來種植物，而非台灣原生種植物。

若要找台灣原生種水筆仔，有三處可以看到。其一在台大植物系標本館，是一九三〇年 Hosokawa 的標本。其二三均在英國，皇家植物園和大英博物館的植物館的植物標本館，為一八六四年淡水英國領事館任職的瓦德漢民所採集。

在種子植物中，有胎生本領者，紅樹林中的秋茄樹。紅茄苳和木欖等植物，以及不屬紅樹的佛手瓜，也都是胎生的。

後慈湖、北埔綠世界

台大退休人員聯誼會招牌越來越亮了，因為辦的活動豐富又有內容，很是吸引人。近幾回活動連在職人員也慕名參加，這次的後慈湖和北埔綠世界一日遊，據活動組長關麗蘇小姐表示，名額老早被「搶報」一空，整整有兩部最大型遊覽車，可見退聯會經營的成功。

說本會吸引人另有原因，不僅活動內容多，會務也日愈豐富，以會務通訊最近的第四十七期（98年10月13日出刊）為準「有本會近期活動、會務報告、校園老照片說故事、旅遊記實、評古說今等五大部份。因本會經營的成功，本會現任理事長丁一倪教授當選「中國海峽兩岸學術文化交流協會」理事長，前理事長楊建澤教授當選該會監事長，活動組長關麗蘇小姐獲聘為該會會務秘書，我們退聯會全體會員也倍感榮耀。這是一點感想，回到今天的本題。

後慈湖神秘，深靜湖水下可有水怪？

一如往昔，早晨八點不到，校門口的兩部遊覽車上熱鬧了起來，大家找到最適宜自己的位置，開始今天（10月14日）的一日遊。首站是後慈湖，一個半個世紀未曾面世的神秘湖。

從台大到後慈湖不遠，加上今天星期三路況好，約一小時多便到了。後慈湖經長期管制，最近才開放參觀，四面環山，景色優美，蔣公與經國先生等家人，生前最喜歡在這裡的湖濱散步，有時搭竹筏在湖中賞景。湖邊仍可見當年蔣公坐椅，它靜靜佇立，望著湖面，看看遠山，永恆的等待、等待……等待主人再來小坐，終是「人去椅空」。造物主多麼公平公正啊！聖人、偉人或凡人，時間到了都得走。

所幸的，有偉人加持過的椅子也並非空等待，它等到一波波遊人，投來新鮮、羨慕的眼神，因為這裡的美景與「外界」不同。由於受到嚴密保護（管制），生態環境得以保持「相對」自然狀態，免於遭到開發破壞，周邊山林孕育了相當豐富的動植物生態，蝴蝶種類繁多，鳥類尤其豐富，也算是賞鳥天堂。

但感受很深刻的，是那份幽靜神秘的氣氛，湖水深綠。深不見底，陽光照耀下，又變的深藍。這種感覺，引起大家的遐思，猜想湖底也許有什麼「水怪」，因為神秘氣息有幾分像尼斯湖，也有點像天池。（註：中國有兩處天池，一是長白山天池，乃松花江、鴨綠江和圖門江三江之源。另一是天山天池，呈半月形，湖水清澈，晶瑩如玉，四周群山環抱，綠草如茵，繁花似錦。後慈湖在氣氛和形狀上，較像天山天池，都是半月形，當然大小不同。）

眾人聊著「後慈湖水怪」的八卦議題，就像天池或尼斯湖水怪傳聞，是永遠無法實證的事。有興趣者可到後慈湖進一步探測觀察，或許有意外收穫。

除了湖濱賞景聊水怪外，湖邊多處休息站的牆上，展示著許多蔣公與家人生前的豐功偉業，也是吸引遊人觀看的焦點。大家默默的看，心中想的無非是蔣家的功或過。中國歷史有個弔詭的問題，便是「成王敗寇」，這是未必的，通常要到「下個朝代」才有定論，這說來話長，暫且不表。

「北埔綠世界」全台最佳國際級生態觀光農場

豐盛的午餐後，我們來到新竹北埔鄉大湖村的綠世界生態觀光農場，這是今天的重頭戲。匆匆參觀完，所有人驚呼意外、意外，沒想到台灣竟有經營的如此成功、如此規模又原始自然的生態農場。凡是對台灣沒信心的人（任何方面），來參觀這個農場，必信心倍增，讓我好好介紹這個好地方吧！

綠世界生態農場，位於新竹北埔，佔地七十多公頃，為一國際級觀光農場。區分六大主題公園：天鵝湖、熱帶雨林、水生植物、鳥類生態、蝴蝶園、生物多樣性探索公園。

若要細分，有四十七個子區。如賞鳥區（有二區）、金剛鸚鵡特區、景觀廁所（有四個，神奇吧！全世界只有這裡把廁所列為參觀景點。）、可愛動物區、會運動植物區、台灣原生蕨類區、世界蘭花區、台灣原生蘭區、空中植物區、香草植物區、仙人掌公園、亞馬遜雨林區、奇妙種子植物區、食蟲植物區、有毒植物區、雨林空中步道、水生植物區、蝴蝶生態園、生物多樣探索區、竹林步道區等，其他如神木、古厝餐廳、叢林咖啡、國際會議廳、美食天地、動物劇場等，也都是很吸引遊人的賞景。

今天的動物劇場是觀賞金剛鸚鵡的特技表演和算術，也甚為驚奇，主持者是一位美麗可愛的小姐，據她說鸚鵡有人類五歲時的智商。我所聽過動物智商表演，有豬演算加減乘除，牛會開平方，據說海豚能當情報員用，能演算方程式，未知真假？至少我們該悟知，人類並非是世上唯一「智慧生物」，不須驕敖。在西方極樂世界，連花草樹木都能演述佛法，超神奇吧！

鳥類生態公園是模擬自然界，天然環境構思而成的鳥園。一進入叢林，上百種各式各樣的鳥就在你身邊及視線內飛翔覓食，歌聲不絕顧耳，彷佛置身原始叢林。另外，從說明資料中，我們也知道了很多鳥類的「大秘密」，如鳥類沒有膀胱，皮膚沒有汗腺，也沒有牙齒，杜鵑不築巢，而是把蛋產在別種鳥巢中，真是懶耶！

還有，鶴會跳優雅的求偶舞，老鷹會送食物給「情人」以示愛意。蜂鳥能在空中定點飛行，啄木鳥的舌頭有喙的四倍長，且平時不在嘴裡（藏在頭蓋骨內）。

生物多樣性探索區，乃地球上各種動植物、生物和環境構成的各種生態系統，擁有來自熱帶雨林的各種動植物等物種，內容豐富，深值一看。

總之，綠世界適合所有大小朋友都來參觀，住台灣不到綠世界一回，如到酒家不喝酒，到茶館不飲茶，到澳門不賭一把，實在……說不上來！

銀髮族的生活是以「養生」為核心思想的「吃喝玩樂、唱歌跳舞」，以追求「從心所欲不壞矩」的快樂方式。所以，今天晚餐我們又來到位於大溪員林路的「大溪保健植物園」，也是一家用心經營的養生餐廳，園長張清進先生特親自講解養生餐之料理，今天真是大豐收了。

遊覽車在高速公路奔馳，窗外忽明忽暗。車內早已熱鬧了起來，一曲曲動聽好唱、老歌也引起許多人的回憶。而「後排合唱團」的一首老英文歌 Sunday marning lock with the lark, I think I'll take a walk in the park, Hey, hey, hey, it's a beautiful day……真是 High 翻天了，幫助消化。末了，賦詩以誌：

感恩心情擁一天，吃喝玩樂沒得閒；
後慈湖與綠世界，內需打拼有賺錢。

一日遊回來，正在寫本文，十月十八日上午本會多人均隨理事長丁一倪教授，前往「二殯」參加本會監事彭振剛主秘公祭。彭公在校時，乃至退休後，甚為照料教官，但願他今後長住極樂世界，莫再回「六道」了。（台大退休人員聯誼會書記，陳福成二○○九年初冬，草於台北蟾蜍山萬盛山莊）

在後慈湖休息室，左起：陳福成、吳信義、關麗蘇、吳普炎、馬鳳芝。

在後慈湖休息室，左吳信義學長，右本書作者陳福成。

與妻在慈湖蔣公陵寢

本書作者在後慈湖蔣公銅像前

慈湖蔣公銅像公園

慈湖蔣公銅像公園

到台南菜寮溪化石館看「左鎮人」

台南縣左鎮鄉榮和村，這是在那裡？對台北人而言，真是邊陲邊再邊陲了。更可況那小村中的一條「菜寮溪」，我打賭，別說是台北人，就是台南市人，也沒幾位知道菜寮溪，不知溪中產什麼？

我大概是個例外，這些年來，我尚未上過大名頂頂的「台北一〇一」，台北頂級的大飯店、百貨公司等，也都逐一遺忘了。但我卻很注意這個位於鄉下的台灣化石重要產地，還有菜寮化石館、自然史教育館和光榮國小，這三個同在一起的小單位，他們為保存珍貴化石所做的努力；以及「台灣化石爺爺」陳春木老先生的傳奇故事。

為此，這些年來我三度參訪菜寮溪化石館，一次帶小朋友參觀、一次隨團再來，再是訪友專程「順道」又來。只為看那「左鎮人」、「中國犀牛早坂亞種」、「台灣猛瑪象」、「印度劍齒象」、「四不像鹿」……

但我發現近年來化石館的人，「人氣」和「名氣」不成比例，是否與經濟不景氣有關？且每向台北人提起「左鎮人」等等，答案大多是「莫宰羊」。決定整理參訪時帶回的資料，寫作成本文。

前往化石館的交通，只要帶任一台南地圖，看圖行路都能到達，高中軍訓的「地圖判讀」課沒混太兇，相信都沒問題。或以下有三種到達途徑：

1. 由台南火車站前搭乘興南客運（玉井、楠西線），經新化，在化石館站下車。

2. 高速公路南下，麻豆交流道經善化、山上到菜寮；北上在新市交流道下，經豐德到菜寮。

3. 台一線南下，新中→頭社→玉井→左鎮→到菜寮；北上永康或新市→新化→那拔林→豐德→菜寮。

菜寮溪化石發展簡史

菜寮溪化石在八十年前已有盛名，約民國二十年秋天，當時台大前身的台北帝國大學，地質系教授早坂一郎，到台南地區做地質調查研究，由左鎮公學校校長瀨戶口盛重陪同，來到菜寮溪（為曾文溪支流），請菜寮保甲事務所（今左鎮鄉戶政事務所）書記陳春木當嚮導，為什麼要到菜寮溪？是否事先知道這溪中有珍貴化石？都是無解，是因緣或意外吧！

早坂一郎發現菜寮溪化石，可能還蘊藏其他古生物化石，於是囑附繼續為其化石採集工作，從此陳春木竟愛上化石採集。在日據時代，他前後有八次將化石送到台北帝大做鑑定記錄，直到二〇〇二年陳老先生逝世，他一生與化石為伍有七十年，他享年九十三歲。由台南縣文化局出版的「台南縣地理、地質與化石」一書（蘇煥智發行，姜博智主編，謝米亮撰稿，民國九十年十二月），譽稱陳春木是「在菜寮溪採集化石的第一位中國人」，他可滿意含笑九泉了。

從日據到台灣光復期間，國內外許多學者教授到左鎮菜寮溪，進行化石研究、採集，都是陳春木當嚮導，而陳春木先生自己也進行採集研究。由他贈送給國內外學術單位、博物館等，有不計其數的化石寶物。

台灣光復之初，菜寮溪化石研究中斷數年。直到民國四十一年台南縣文獻會成立，聘請陳春木先生為左鎮鄉化石採集站員，化石採集熱潮又起，更引起許多化石熱愛人士注意。

民國四十三年台灣省政壇元老黃朝琴先生，於省議長任內到左鎮參觀陳春木先生的化石陳列館。對陳春木的化石採集、保存精神至表讚揚，臨時借來筆墨，親手題匾「博古通今」四個大字，這墨寶如今尚在化石館內，與化石同為永恆的存在。

民國四十六年六月，嚴前總統家淦先生於省府主席任內，蒞臨左鎮訪視，亦參觀陳春木所收藏陳列的化石，親題「稽古鉤今」贈陳春木先生。使他的化石採集、究得到很大鼓舞，嗣後更引起專家學者關注、研究，許多珍貴的化石才得以一一出土，重見光明，得到正確認證。這種情形有如該種生物「復活」了，不僅給人觀賞、教育，更進而給人新觀念、新視界。

原來人們總是只活在現在，只看到眼前，就以為「眼見為真」，就是真理。但到化石館看到「左鎮人」、「台灣猛瑪象」化石，人會想到更多的事，原來台灣和大陸本來連在一起，而左鎮（甚至全台灣）也曾在海底深處，因有鯊魚齒及鯨魚脊椎骨的出土。滄海桑田的變換，在自己眼前一幕幕演出，人生觀就不一樣了！

115 到台南菜寮溪化石館看「左鎮人」

陳春木先生，照片來源：台南縣自然史教育館簡報資料。

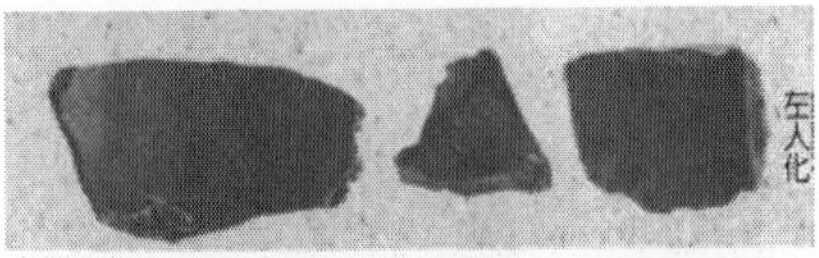

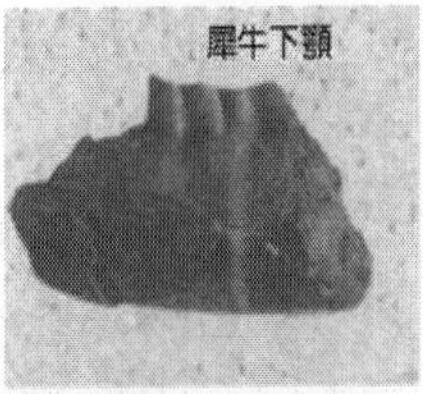

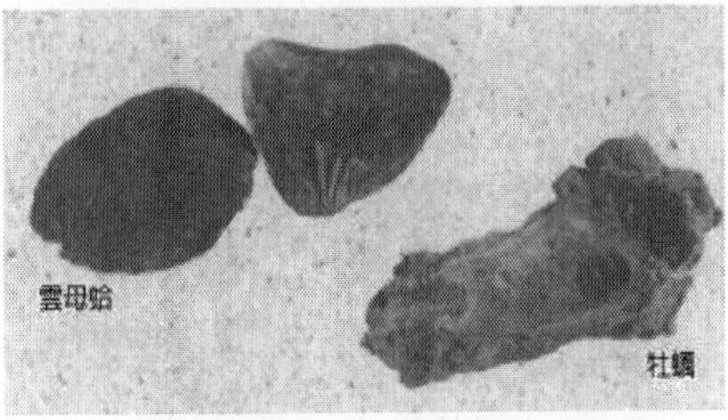

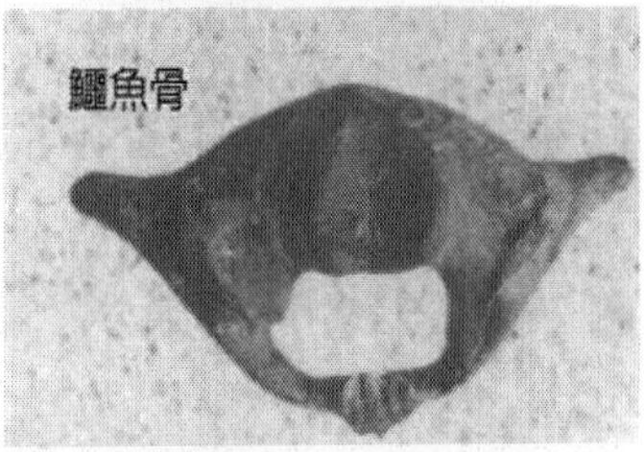

中國犀牛早坂亞種

圖照均來自菜寮溪化石館和自然史館的廣告文宣，以下同。

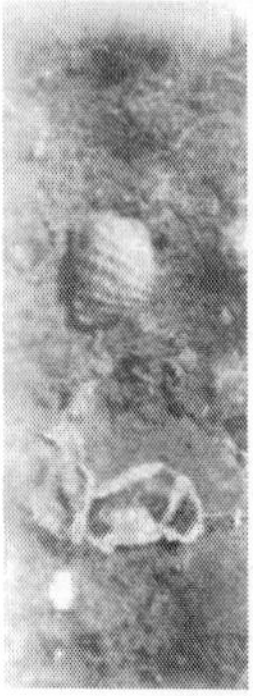

菜寮溪貫穿左鎮鄉，為鄉內唯一主要溪川。這條小溪看似平凡無奇，過去則有段好風光，菜寮溪為國內化石重要產地，曾經在此地出土了左鎮人化石和完整的犀牛化石，左鎮也成了中外學者研究化石，必到之處。

西拉雅族人民居

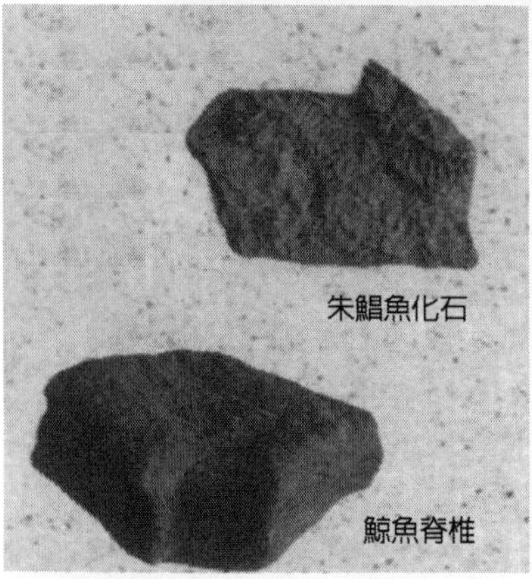

菜寮溪化石出土種類

經陳春木先生和許多專家學者的努力，菜寮溪出土的化石，有植物、脊椎和無脊椎動物化石，數量龐大。以下僅列舉最知名者說明，圖片均剪輯自化石館的廣告說帖。

民國六十年初冬，菜寮溪發現人類頭骨化石，包括頭骨殘片七塊，大臼齒兩顆。其中的三塊頭骨鑑定其年代為三萬年，約二十歲的男性青年，定名為「左鎮人」，其生存年代略同「山頂洞人」。按此推論，台灣最早原住民平埔族（有十個亞族，如凱達格蘭、雷朗、噶瑪蘭、道卡斯、巴則海、拍瀑拉、巴布薩、和安雅、西拉雅及邵族。）；以及現在所叫的「原住民」，如阿美、布農、卑南族等，應該都是「左鎮人」的後裔，只有左鎮人才是台灣真正的原住民，其他都不是！未知人類學家是否解開這個謎題？

民國六十年九月，在菜寮溪發現一隻幾近完整的犀牛化石，是台灣最早發現較完整者。其年代約兩百萬年，經研究鑑定命名「中國犀牛早坂亞種」，因當時台灣海峽尚未形成（或局部陸化），這隻犀牛從大陸來 到台灣旅遊，更愛上了台南左鎮風景，乾脆躺在菜寮溪沐浴，這一躺竟過了兩百萬年。因緣遇到陳春木等人，得以重見天日，甚幸！

菜寮溪在更新世（Pleistocene，距今約兩百萬年）時代，為台灣古象的樂園，出土化石有中國劍齒象、明石劍齒象、署光劍齒象、印度劍齒象、台灣猛瑪象等。

在菜寮溪還發現「四不像鹿」化石，其頭像鹿，腳像牛，背如駱駝，尾巴則像驢子，體大如牛，角有許多瘤狀突起。真是神奇！往昔我以為「四不像」是神話生物，沒想到真有其物，且有化石證物，專家鑑定如是說。

其他「族繁不及備載」，不逐一細述。

詩寫菜寮溪化石

滄海桑田

有幸在這裡入定
千萬載
在大海出定　追逐白浪

浪未落已固結成山
你們在山中觀日沉月昇
想那太陽月亮
遲早也成化石
這世界
即非滄海　又非桑田

一隻台灣古象的心事

在這裡臥觀　很久了
夢與醒之間
等待一個機會
重出江湖　重建舞台

「啊！台灣古象！」
是一支巨斧劈開天地的聲音
推開厚重的萬載鎮壓
一種活化石熱情的迎接

那裡不一樣

出土後，你
以何種眼光　檢視
這個世界
日夜依舊　不同的
為什麼有許多物種
在不該入土的時候
入土了

化石的疑惑

度過那年最美麗的春天
為什麼夏天永遠沒來
時間暫停　空間固結
只是一夢
直到新物種考古學者蒞臨
我又復活了

不　朽

很多人追求不朽
立德、立言、立功……
但我們　千古不語

萬載無為
躺著
就成不朽

結語

台南縣除左鎮菜寮溪產化石，另有二個重要化石出土區。一者是關仔嶺化石區，主要化石有珊瑚蟲、有孔蟲、貝類、海綿、海膽等，本區又有四個子區，分別是羌子埔、麒麟尾、龜重溪沿岸牛山下坡、牛山橋上游河牀。欲知其詳者，請君到台南關仔嶺走一趟。

台南縣第三個重要化石區是「水流東化石區」，位在烏山頭水庫集水區東北側，本區化石以軟體動物門的雙殼綱扇貝科的長沼扇貝為最多。其次是原生動物門，根足亞綱，「有孔蟲目」的有根狀偽足「有孔蟲」原生動物化石。另外還有文蛤、海星、海膽、牡蠣、血蛤、螺類等化石。這裡說的「門」、「綱」、「科」、「目」，要復習高中生物課才能知其基本原理。

「水流東」化石區是台灣目前所發現最美麗的化石景觀，化石層平均厚度三十到五十公分，最厚達一公尺，規模之大，數量之多，令人嘆為觀止，且保存完整，實在難得一見。「水流東」地名有水向東流去之意，在台南縣左鎮山區亦有相同地名者。

順帶一說，台南在人類學研究上，向來被稱「西拉雅的故鄉」。在民國五十年代，左鎮的十個村中，就有七個村分佈著西拉雅族人聚落，佔左鎮人口近半，數百年來平埔族大多已經漢化，唯一留存的習俗是「阿立族」的神秘祀典。

民國五十年代至今才多久？西拉雅族人今何在？也許不久我們只能看如本文幾張圖照。時間使一切都成「化石」，唯化石永恆！

橫山阿立祖廟

口社寮阿立祖廟

諦聽山水的故事

近十年來，幾乎走遍了台灣的荒山野嶺，乃至名川大山，每一地都有動人的故事，有神秘的傳奇。只要你去親近，領悟，不僅可以感受「有情」的愛，也會聽懂「無情」說法。

絕頂觀飛鷹

有天籟之音起自
乾坤之中
感應天地間的幽魂
正蓬然間

已不見了蹤影

你又悠然滑來
祇為向我見證
長空有萬里

你原屬天空，且囿住了天空
沒有你，這裡的天
鐵定就空空
天空有你，你創造天空

近年常和朋友們走訪台北四周郊山，七星山、擎天崗、大屯山、紗帽山……登頂後，只要天氣不差，常見有老鷹在空中盤旋翱翱，那種感覺，真是「即壯又絕且孤」的景觀，人生觀瞬間有了不同「啟動」。

李棟山鎮西堡

患了阿茲海默症的
歷史
還有誰記得李棟李將軍
才不久前的那件
戰事
再凶狠的叢林也吞沒不了
地理
古道述說久遠的蒼茫
馬里科灣泰雅族人大戰
日本鬼子的慘烈戰史

站在這裡的許多參天古木
都是終極證人

李棟山、鎮西堡（均在新竹縣尖石鄉）。滿清於康熙二十二年（一六八三年），正式對台灣行使合法的統治權，漢人移民日多。當時山胞經常出草殺人，乾隆五十一年（一七八六年），連淡水同知潘凱的人頭，也遭生番「取走」了，清廷乃積極於台灣的開山「撫番」政策。

今新竹尖石鄉一帶，朝廷派一李棟將軍率兵鎮守，終於後來山胞不再殺人了。為紀念李棟將軍，乃命山名「李棟山」（標高一千九百一十三公尺）。

光緒二十一年（一八九五年）因馬關條約，台灣割讓日本，日軍慢慢「擺平」平地的抗日武力後，各地高山上的山胞依然有反日、抗日組織。光緒三十二年（一九〇六年，日軍六百餘人佔領李棟山，與此區泰雅族十七社約二千勇士，展開大戰，初則以地利，山胞佔優勢。但終不敵有先進裝備的正規軍，至宣統三年（一九一一年）日軍終於攻破山胞各部落，並展開大屠殺，山胞死傷慘重，是謂「李棟山抗日事件」。

現有「李棟山莊」，莊主叫朱萬鶴，正位於登山口。附近有「鎮西堡」，因不是「名山」，知道的人不多，而知道這段原住民抗日血淚史的人，更少了！

魚路古道

絹絲流泉浣洗過的耳聰
碧綠藍天撫摸過的目明
妳款款徐來
在半崖上，掀起我的裙襬
原來是先民自海邊挑魚上來

我在磊磊澗石中展讀
先民打拼的勇氣和智慧
邁越峭壁危石
已是百年荒煙漫草

如今，古道又鮮活

我們是被城市打壓和清洗
快要忘本的
魚群
重新回來找尋祖先繁殖興盛的足跡
代代繁衍，不要成為稀有魚種

被城市的污穢瘴癘糾纏
魚肚翻白，向那裡逃竄
經進化論篩選，那沒斷氣的
一尾尾循著祖先的路攻上擎天崗
只為得到那一點點生命之泉

常愛在郊山走走的人，一定知道或走過這條魚路古道，有點小難度，在多雨的季節，石板上很滑，有點危險，不太適合年紀太大的人。「魚路古道」，顧名思義，我們的先祖們，他們在北海岸一帶打了魚，一擔擔要挑上擎天崗，挑到台北區賣，多麼的辛苦。在古早時代交通不便的地方，所有的貨物往來都用人挑，所以台北地區我們還知道「挑硫古道」、「挑鹽古道」……也許還有更多。現在無人挑魚了，但古道又鮮活，遊人魚魚雅雅，魚貫而來，諦聽先人說些什麼？

驚天崗草原

大太陽無情的蹂躪這整片鮮綠
遊人個個無語　心淨自然涼
牛也向來自有一套
混的哲學

老牛只顧吃嫩草
小孩搞飛機
大人們仍關心那朵雲啊
要流浪到何方

天邊一群趕路的雲彩
匆匆忙忙的飄來
也不佇足
要追求些什麼
只有碉堡、老牛與遊人
共享這一畦青草

玉山盟五帖

一、故事

亞歷山大船長所見 Morrison Mountain
原是西王母居所
渾然多玉也
晨風中讀你，峰頂奇幻的 Pattonka
你有四大王護駕
我歷半生春秋跋涉
始見尊者

二、攻頂途中

守者磐桓不動，攻者威武不屈
你遠交近攻都不宜

嶃嵒層層，巖崖下藏著要命的玄機
風呼呼殺來，亂石砾砾
雙方礧石相擊，準備決戰
我熟稔六韜三略，步步為營
沒有拿不下的山頭
只擔心你嫁禍給登山的旅人

三、登主峰

幽暗晨嵐
守著準備自群峰跳躍而出的旭日
隱藏名山的故事
如天、如光，都要真相大白了
萬民等著膜拜
原來你天生就君臨天下

四、坐觀日出

晨四點，大家都急著要卸下滿天星斗
緩慢的，等妳蓮步輕移
我屏住氣，靜寂
左腳踩南投
右腳踩高雄
一屁股坐在嘉義
蹺起二郎腿，看妳
猶抱琵琶半遮面

五、日出

驟然，一顆心躍出
東方明珠

婉約溫柔的身段
在朦朧的晨霧中
妳說「心清如玉　義重如山」
妳的光照，浣淨我們張張未洗的臉龐
滌洗長年積陳未除的心垢
大家都成乾乾淨淨的人

鄒族稱玉山「Pattonkan」，史籍上最早有「玉山」之名（僅在台灣島），是清康熙三十六年（一六九七），浙人郁永河到台灣（北投）採硫磺，並到各地考察，他所著「蕃境補遺」一書說：「玉山萬山之中，其山獨高」。

在「雲林採訪」書云：「八通關山又名玉山」，另「彰化志」則稱「雪山」，日據時期稱「新高山」。

西方人對玉山的稱呼，起於駐台南英國領直 Robert Swinhoe，乘美國 Alexander 號商船，航經台灣遙見玉山獨峻，因船長名叫 W. Morrison，外人乃以「Morrison Mountain」稱玉山。

可見歷史上的玉山，諸多不確定性，還好現在都各有定位了。

我國古代「山海經．西山經」記載，玉山為西王母居所兼管轄地，其上多玉也。這當然是另一座玉山。

台灣玉山有「四大天王」守護，分別是東峰（三千八百六十九公尺）、北峰（三千八百三十八公尺）、南峰（三千七百一十一公尺）、西峰（三千五百二十八公尺）。而主峰玉山有三千九百五十二公尺。

聖山傳奇：大霸尖山紀行

雲霧縹緲間，以為是到了南天門
兩側深淵中，風暴飆起，有蛟龍翻騰
風雪夾殺，凌空吃人
我們活像飛往銀河系飄颻中的太空船
無畏前行，向未知探索
朦朧中，隱約見大霸聳壑昂霄

端坐成一尊巨大、永恆、莊嚴的黑臉關公

縱使你是一隻雪山飛狐也沒用
我們是一隻隻寒帶蝙蝠
把身體高懸，或和岩層緊緊擁抱一起
或把肉身潛藏隱入岩石內
以避開飆風、寒氣及不確定落石的追殺
在萬尺高空中
夢想自己是巔峰戰士
創造自己不朽的紀錄

登大霸尖山通常是一次完成四座百岳的「套餐」，時間約需三、四天。分別是大霸尖山（三四九二公尺）、小霸尖山（三四四五公尺）、伊澤山（三二九七公尺）和加利山（三一一二公尺）。

大霸尖山是泰雅族和賽夏族的聖山，傳說太古洪荒時代的某一天，天空降下一堆巨大的「天來石」，落在大霸尖山頂上，巨石中藏有一男一女。一隻名叫「Sisilek」的烏鴉知道後，每日來巨石邊祈禱，希望人類出生，終於有一天，巨石轟然崩裂，從巨石中走出一男一女，後來兩人結成夫妻，繁衍子孫，他們就是人類的始祖。

登大霸雖不如玉山高，危險性卻高出很多。在接近大霸時，其基底下的「路」，只是從斷崖上鑿出一約三十公分寬的走道，前進時極緩慢，左邊身體貼著大霸基壁，右側是不見底的深淵，雲霧如蛟龍般翻湧。

通過大霸再上小霸，也是危險。小霸頂是由許多巨岩，層層疊疊似有秩序的堆積而成，很是神奇，霸基到霸頂也約有五十公尺垂直峭壁。這是真的在「爬」山了，想登頂的人都要「四點著壁」，攀住岩縫，抓緊岩塊的凸出處，真是危機重重。

登頂後那種感覺，非筆墨所可形容，這是登山的魅力，難怪有人登完台灣百岳，還要遠征國外世界級的高山。

小烏來・綠光森林・角板山・大溪老街

二〇〇八年二月廿五日，已是今年苦寒之窮陰，故算是一個不冷不熱且明媚的日子，碧藍的天空，讓人心裡覺得很舒暢。退聯會何副理事長和活動組長關小姐，選了這麼的好日子，帶大家來一趟休閒知性之旅。

今日行程包含大黑松小倆口愛情館、綠光森林、角板山公園、小烏來風景區及大溪老街。沿途有司機劉先生和麗華小姐熱心服務，讓這天倍感溫馨。

大黑松小倆口愛情館、綠光森林

上午八點在台大校門口集合完畢，出發先到最近的一站，位在土城的大黑松小倆口愛情故事館。本館最早於一九五六年邱彭毓和女士創立大黑松牛軋糖，相信很多人都享用過。一九八三年邱義榮先生與夫人曾翠娜女士共同開發出小倆口喜餅新產品，並將大黑松和小倆口合而為一，讓牛軋糖與喜餅共同為很多人留下甜美的回憶。

漂亮的故事館，頂著碧藍色的天空，佈滿多彩的花朵，有紫色的窗櫺，古樸白色的屋牆，綠野般的玫瑰花園，共構成一幅浪漫幸福的風情畫。情人在這裡享用美麗的夕陽，數著天上的星星，相看千萬變也不厭倦。

有年青情侶，也有老夫老妻，挽手在這裡留下倩影，這是一生的回憶。可惜來去匆匆，不到一小時上車前往綠光森林。

綠光森林在桃園復興鄉霞雲村，這裡遠離都市，讓整個人沐浴在綠色的山林草原中，山坡上的綿羊安靜享用青草，給人一份閒雅、愜意和放下的感受。彷彿卸盡城市的喧嘩忙碌，綠色與芬多精給人另一種靈糧，清清幽幽，怡然自得。

原來，找尋幸福或淨心的人們，也需要一個心靈深處可以當靠岸碼頭的地方。這是心靈加油站，加的不是汽油，是一種精神能源。我們雖是一群「退出江湖」的教職或行政人員，但面對這個價值顛覆的兩個世界（年青與年長各擁各的世界），我們勇於美化並豐富自己的世界。

角板山公園懷念兩蔣對台灣和中國的貢獻

角板山位於進入北部橫貫公路復興村內，海拔六四〇公尺，為群山中的高台地，這裡建有兩處　蔣公行館，現已開放角板山觀光勝地，角板山公園在角板山西南側。園內古木林立，四季各有適宜觀賞景點，公園步道可下台階直抵大漢溪畔，並有吊橋連繫對岸的溪口台地。

行館左下階梯有「避難神秘隧道」，已開放參觀多時，可見當年兩岸軍事情勢之緊張，如今想來，也真是無謂之爭。同是一家人，更同是中國人，在爭什麼？徒使國家建設和人民福祉水平落後英美一百年，真是何必！

無論如何，那已是歷史了（行館有兩蔣的史實照片，本文舉數幀以悅讀者。）先總統　蔣公喜愛角板山風光，最早在民國三十九到四十八年間，常往角板山親近山光水色，留下不少歡樂情景和回憶。

角板山行館配合　蔣公冥誕一百二十週年紀念日，於民國九十五年十月三十日正式開放供民眾觀覲。利用現有空間架構，讓遊客從軍事、政治、親情、生活等多角度，重新認識　蔣公的家族和生活。

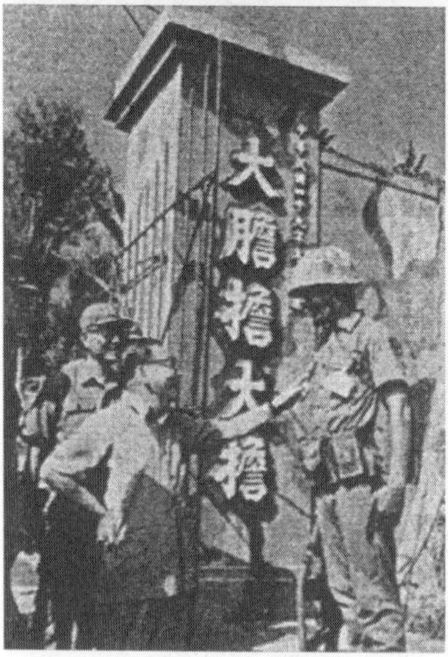
大膽擔大擔

在國人心目中，　蔣公形像較為嚴肅，其實　蔣公與家人親蜜互動一如常人。　蔣公與夫人有許多公開場合的合影，行館內展出多幅兩人鶼鰈情深的生活照片。主人宋美齡女士習畫多年，繪畫不只是她生活中的調劑，更是她的興趣，　蔣公亦喜在其作畫時，於一旁觀賞或畫中題文詞。

蔣夫人身為「國母」之角色，身受全民愛戴，幾乎是一個「完美的第一夫人」形像，直到二〇〇九年的廿一新世紀，仍有媒體報導「全球第一夫人形像評比」，蔣夫人和甘乃迺夫人被評為接近完美形像的前兩名。近年台灣的獨派份子不斷抹黑蔣家，但都是白做工了，有何用呢？又把　蔣公打成「二二八」元兇，真是天大的謊言和抹黑，又有何用呢？歷史證據會說話。他對中華民族的貢獻，總的來說，北伐統一、領導抗日、收回台灣及最後對中國統一的堅持，這是他老人家的歷史定位。至於他埋骨何處？這是次要問題，不重要的。孔明和鄭成功的北伐統一大業最後都失敗收場，但他們對中國統一信念的堅持，反而提高了他們的歷史定位。有智慧的人應深思其中妙道，勿在枝節上打轉自我迷惑。

角板山園區另有幾個景點，也值一看。全長一百公尺的戰備隧道是當年緊急避難和戰備指揮之用，思親亭是經國先生寫下「梅臺思親」之地，溪口吊橋是　蔣公夫婦常駐足的景點，夫妻樹是一九五〇年夫婦二人種的榕樹，多年後兩棵合抱如夫妻姿態。

小烏來風景區和大溪老街

在泰雅族母語中，「烏來」指溫暖的泉水，故所有的溫泉都叫烏來。小烏來位於復興鄉區內，峻嶺峽谷甚多，重要景點以小烏來瀑布、龍鳳谷瀑布、風動石聞名於世。而宇內溪是小烏來瀑布上游，由於雨量豐沛，溪水流量可觀，瀑布幾乎不受四季影響。乘遊覽車在群山環繞，自遠處觀瀑布，有「瀑布之水天上來」的感覺，真是壯麗，很值得到此一遊。

小烏來瀑布分三層，屬「斷層懸谷型」瀑布，溪水細窄如帶的峽谷頂端，突遇斷層陷落形成懸崖，溪水即由左側缺口倏地直墜五十公尺下深潭，水霧向上面四方紛飛，水煙濛濛漫天漾動，近觀則驚濤駭浪，堪稱台灣的秘境奇景。

瀑布風景區旁有一四層賞瀑台，供遊客在最佳角度賞景。每年五、六月及十一月，到隔年二月也是賞季節，可同時在此享受森林浴、觀瀑和賞鳥。

深秋又是另一種不同於北方蕭瑟的感受，宇內溪兩旁鮮紅色楓葉展現了熱情，把氣氛舖陳或漫溢在溪岸，與潺潺溪水、瀑布、野草香構成絕色美景，成「色香味聲」俱全的享受。

三層瀑布中，上段僅三公尺落差，在觀瀑亭隱約可見。中段落差五十公尺，氣勢澎湃，驚天動地。下段瀑布注入下方小湖，也是壯觀。

大溪老街是台灣有名保存最好的古早街，古風樸實，見證先人開發城鎮的智慧。尤以「閩南式」連築，說明這裡的人原是中國大陸來的，兩岸是一家人。那些獨派政客硬要把兩岸血緣文化割裂，簡直是敗家子不肖子孫之惡行，天理法理都不容。

大溪的傳統美食也是有名的，退聯會成員都是「父母祖輩」人物，少不了為兒孫家人打點一些「等路」（台語發音）。每個人都提著大包小包，也是上遊覽車時很「壯觀」的場景。

「大溪山水庭園餐廳」豐富的晚餐：快樂歸航

出外旅遊不外吃喝玩樂，何副理事長憲武和關小姐特別用心於午晚兩餐的安排。而以晚餐在「大溪山水庭園餐廳」（在大溪鎮仁二街），最為大家樂道叫好。其餐廳內外景觀布製，自然、浪漫、寬闊，第一印象就很好，加上那一桌美食，大家猜著若在台北麗晶酒店鐵是萬元起跳，這裡兩仟伍百元，痛快！

經典的菜色頗多，如「梅干扣肉」，古法燉製烹調，搭配客家傳統梅干菜，風味絕佳。「大溪山水鬥雞」，精選皮薄肉質彈性佳的大溪黃皮玉米雞，鮮嫩多汁，口感讓人難忘。還有「大溪燜筍」，為產自復興鄉春雨後竹筍，配上大溪鵝高湯，悉煮八小時，口味自然甘甜，叫人吃了更想吃。地方養食特產往往和地方「山水」有關，大溪美食（也產美女）也源自這裡的好山好水，但經營者用心也很重要。

一整天的行程下來，雖然有些累，但每上遊覽車大家興高彩烈的歌聲，疲勞又全部消除。筆者與車上後排座的兄姐們臨時組成「後排合唱團」，兩部合唱「晚霞滿漁船」，得不少掌聲，不亦樂乎！

能有此行，除感謝何副理和關姐，當然我們對台大存著感恩。全台可能只有台灣大學有各種文康組織，如登山會、退聯會、教聯會、職聯會等，且組織建全，運作積極熱誠，照顧在職者，也照顧退休者。

另一種是「眾生平等」的感受，在台大的各種文康組織活動中，不管教授、職員或工友，或各種行政工作者，勿論在職或退休，大家在一起玩樂、爬山、旅遊，和樂融融，只想到付出，無人自命「高高在上」。愈有學問的教授，反而更謙卑，怎不叫人感動！

在回程的遊覽車上，關姐又公布下個月的行程景點，啊！「台大退休人員聯誼會」，我們愛妳！

本書編者著編譯作品目錄

	(性質)	(定價)
幼獅文化出版公司		
1.國家安全與情治機關的弔詭		200元
大人物出版公司		
2.決戰閏八月：中共武力犯台研究		250元
3.防衛大台灣：台海安全與三軍戰略大佈局		350元
4.非常傳銷學（合著）	直銷教材	250元
黎明文化出版公司		
5.孫子實戰經驗研究	兵法研究	290元
6.解開兩岸十大弔詭	兩岸解謎	280元
7.大陸政策與兩岸關係	政治研究	280元
慧明出版社		
8.從地獄歸來：愛倫坡（Edgar Allan Poe）小說選		200元
9.尋找一座山：陳福成創作集	現代詩	260元
全華出版社		
10.軍事研究概論（合著）		250元
時英出版社		
11.五十不惑：一個軍校生的半生塵影	回憶錄	300元
12.國家安全與戰略關係	戰略・國安	300元
中國學四部曲：		
13.首部曲：中國歷代戰爭新詮	戰爭研究	350元
14.二部曲：中國政治思想新詮	思想研究	400元
15.三部曲：中國四大兵法家新詮（孫子、吳起、孫臏、孔明）		350元
16.四部曲：中國近代黨派發展研究新詮		350元
17.春秋記實	現代詩	250元
18.歷史上的三把利刃	歷史研究	250元
19.國家安全論壇	學術研究	350元
20.性情世界：陳福成詩選	現代詩	300元
21.新領導與管理實務：新叢林時代領袖群倫的政治智慧		350元
秀威出版社		
22.赤縣行腳・神州心旅	現代詩・傳統詩	260元
23.八方風雨・性情世界	詩・文・評	300元
24.男人和女人的情話真話	人生真言・小品	250元
唐山出版社		
25.公館臺大地區開發史	地方文史研究	200元
26.從皈依到短期出家	不同人生體驗	240元
文史哲出版社		
27.一個軍校生的臺大閒情	詩・小品・啟蒙	280元
28.春秋正義	春秋論述・學術	300元
29.頓悟學習	人生・頓悟・小品	260元
30.公主與王子的夢幻	人生・啟蒙・小品	300元
31.幻夢花開一江山	傳統詩詞風格	200元

32.奇謀迷情與輪迴（一）被詛咒的島嶼	小說	220 元
33.奇謀迷情與（二）進出三界大滅絕	小說	220 元
34.奇謀迷情與輪迴輪迴（三）我的中陰身經歷記	小說	300 元
35.春秋詩選	現代詩	380 元
36.愛倫坡（Edgar Allan Poe）經典小說新選		280 元
37.神劍或屠刀	思想研究	220 元
38.洄游的鮭魚	四川重慶成都之旅	300 元
39.山西芮城劉焦智「鳳梅人」報研究	春秋典型人物研究	340 元
40.古道・秋風・瘦筆	春秋批判・小品	280 元
41.三月詩會研究：春秋大業十八年	三月詩會研究	560 元
42.奇謀・迷情・輪迴小說（合訂本）		760 元
43.在「鳳梅人」小橋上：山西芮城三人行旅行文學	旅遊、考察、文學	480 元
44.中國民間神譜		680 元
45.我所知道的孫大公：黃埔二十八期孫大公研究	春秋典型	320 元
46.找尋理想國 ── 中國式民主政治研究要綱	政治思想	160 元
47.漸凍勇士陳宏傳 ── 他和劉學慧的傳奇故事	勵志典型	260 元
48.大浩劫後 ── 日本東京都知事石原慎太郎「天譴說」溯源探解		160 元
49.第四波戰爭開山鼻祖賓拉登 ── 及戰爭之常變研究要綱		180 元
50.臺大逸仙學會 ── 兼論統派經營中國統一事業大戰略要領芻議		280 元
51.政治學方法論概說	政治思想	350 元
52.西洋政治思想史概述	政治思想	400 元
53.最自在的是彩霞 ── 臺大退休人員聯誼會	臺大校園	300 元
54.我們的春秋大業 ── 三月詩會二十年別集		420 元
55.臺灣邊陲之美 ── 行腳誦詩・澄音歌唱	詩・散文-	300 元
56.臺中開發史 ── 兼臺中龍井陳家移臺略考		440 元
57.嚴謹與浪漫之間：詩俠范揚松	人物春秋	
58.臺大教官興衰錄 ── 我的軍訓教官經驗回事	臺大. 教官	
59.為中華民族的生存發展進百書疏 ── 孫大公的思想主張書函手稿		
60.天帝教研究		
61.二〇〇八這一年，我們良心在那裡？（編）		
62.古晟的誕生：陳福成 60 詩選	現代詩集	
63.迷航記：我的軍旅生涯		
64.陳福成作品講評論文集（編）		

購買方法：

方法 1.全國各書店　　方法 2.各出版社
方法 3.電腦鍵入關鍵字：博客來網路書店→時英出版社
方法 4.時英出版社　電話：（02）2363-7348、（02）2363-4803
　地址：台北市新生南路 3 段 88 號 3 樓之 1
方法 5.秀威資訊科技公司　電話：（02）2796-3638
　地址：台北市內湖區瑞光路 76 巷 65 號 1 樓
方法 6.唐山出版社：（02）8369-2342
　地址：100 台北市羅斯福路 3 段 333 巷 9 號 B1
方法 7.文史哲出版社：（02）2351-1028　郵政劃撥：16180175
　地址：100 台北市羅斯福路 1 段 72 巷 4 號

附記：以上各書凡有訂價者均已正式出版完畢，另有未訂價者均在近期出版。